地域文丛

阳阿奏奇舞

——古镇大阳史话

王怀中　王枢　编著

山东画报出版社

图书在版编目（CIP）数据

阳阿奏奇舞：古镇大阳史话 / 王怀中、王枢著．—济南：山东画报出版社，2015.2

ISBN 978-7-5474-1414-9

Ⅰ.①阳… Ⅱ.①王… Ⅲ.①乡镇-地方史-研究-长治市 Ⅳ.①K292.55

中国版本图书馆CIP数据核字（2014）第280800号

责任编辑 秦 超
装帧设计 宋晓明
主管部门 山东出版传媒股份有限公司
出版发行 山東畫報出版社
社　　址 济南市经九路胜利大街39号 邮编 250001
电　　话 总编室（0531）82098470
市场部（0531）82098479 82098476(传真)
网　　址 http://www.hbcbs.com.cn
电子信箱 hbcb@sdpress.com.cn
印　　刷 山东临沂新华印刷物流集团
规　　格 160毫米×230毫米
15印张 115幅图 200千字
版　　次 2015年2月第1版
印　　次 2015年2月第1次印刷
定　　价 36.00元

神奇的大阳

——写在前面的话

距晋城市区 23 公里，泽州县西北的古镇大阳，古称阳阿，是一块神奇的地方。

阳阿风华，千古流韵。

政区建置的标本。从阳人在此落地生根，建立阳阿城，距今已有 2600 余年的历史了。西汉时封建阳阿侯国，十六国南北朝时设置建兴郡与阳阿县治所，隋朝时因避讳改名大阳。古镇大阳，有着一条完整的行政区划链条。侯国、郡、县，以及乡（镇）、邑里村等，是一个地方政区建置的标本。这在全国是仅见的。阳阿城，实一方之都邑。

著名的歌舞之乡。“阳阿薤露”、“阳阿采薇”；“足蹀阳阿”、“阳阿奏奇舞”等等。这些都述说着从春秋战国到两汉魏晋，阳阿是蜚声于世的歌舞之乡，有着文化艺术的辉煌。浓厚的歌舞氛围，高蹈的艺术环境，哺育了杰出的舞蹈家赵飞燕。“燕瘦环肥”也成为千百年来，中国历史上评价美女的标准倾向。

桃花源式的杏花村。“寻芳来入杏花村，见客人人有典型。不用看碑问前事，坐中一话即图经”（李俊民《大阳与诸友话旧》）。唐宋时期，古镇大阳山川秀丽，环境幽美，杏花灿烂，楼阁凌空，“郁郁乎文哉”，“济济洋洋有齐鲁之风”，风土完厚，天人共美，一派春和景明气象，恰如一幅山水画卷，是人们宜居憩息之地，也是一个观光休闲的旅游之处。

名扬天下的九州针都。明清时期，大阳经济发展达到鼎盛。小小钢针，闯出了大大的世界；滚滚而来的巨额财富，创造了骇世惊人的经济奇迹。

大阳是全国制针业的中心，人称九州针都。这也使大阳人走遍全国，走向了世界。就连一个外国人也惊叹道："大阳的针，供应着这个大国的每一个家庭，并且远销中亚一带"。这是何等的伟业，这是何等的创举，着实令大阳人骄傲、自豪。

仕宦如林的大阳现象。经济基础决定上层建筑，明清时期经济极度富裕的大阳，文化事业也突飞猛进，科甲昌达，俊才辈出。"有官不到大阳夸"，"大阳出了三斗三升芝麻官"。这些民谣都真实地反映了当时大阳的社会现实。明清时，大阳镇出的状元、进士、举人人数在当时山西省 92 个县的乡镇中为之冠；如果和各县相比，就有 70 余县比不上大阳一镇；再和江南名镇相比，大阳镇也毫不逊色。"经过科举制而选拔的官员是一批真正出类拔萃者，千年智慧和哲学宗教的占有者"（法国伏尔泰《风俗志》）。世代簪缨，八朝为官的段家；落钓连引，一门七进士的孟家；茹太素、裴宇、孟春、张养蒙、孟兆祥、常恒昌等，都是尚书侍郎布政使级的高官大吏；总兵张大经是清乾隆时的武状元，也为上党地区从唐朝到清末，武科开试以来唯一的武进士第一。还有数十个"居庙堂之高"的京官，数以百计"处江湖之远"的地方官（省府州县）。这些"三斗三升芝麻官"的大阳现象，正如专家们所说的："大阳人在朝为官者屡见不鲜。历朝历代众多官员如此密集地集中于大阳一地，不可不谓奇特"。

古韵犹存的民居建筑群。古镇大阳，在 2008 年，被评为"中国历史文化名镇"；2013 年，东大阳与西大阳同时又入选"中国传统村落"名录。《山西古村镇》一书中说："镇（大阳）内有规模很大的明清古建筑群，现有传统建筑面积共约 34 万㎡。"这样大规模的传统民居建筑群，在山西省乃至全国也实属罕见。这是一笔宝贵的历史文化遗产，是应该十分珍惜和保护的。一旦遭毁就会永远消失，不可再生。著名建筑学家梁思成先生对山西村镇古建筑赞许道："由庄外遥望，十数里外犹见，百尺矗立，崔嵬奇伟，足镇山河，为建筑上之荣耀"。古镇大阳，历历高阁，深深庭院，长长老街，森森幽巷，古风古韵，古色古香。如果以保护为主，合理开发，适度开展旅游业，既可传承中华文明，又给古镇带来无限生机。

序　一

把“根与魂”留住

王辅刚

《阳阿奏奇舞——古镇大阳史话》就要出版了。这是《地域文丛》丛书继《风雅大太行》、《山西关隘大观》后，又一专著，甚为欣慰。

大阳，古称阳阿，曾为阳阿侯国的中心城，建兴郡与阳阿县治所，有着悠久而辉煌的历史。从春秋到两汉，阳阿是著名的歌舞之乡。“阳阿薤露”、“阳阿采薇”、“足蹀阳阿”、“阳阿奏奇舞”，都是这方面的写照。明清时期的大阳，有“九州针都”之誉，是全国制针业中心。“大阳的针，供应着这个大国的每一个家庭，并且远销中亚一带”。这是一个外国专家的评价。人文化成，阳阿又是汉代著名的舞蹈家赵飞燕（孝成赵皇后）的故乡。科甲连绵，仕宦如林，明清时，大阳出了武状元1人，进士22人，举人73人，为山西各乡镇之翘楚。就和当时山西的92个县相比，也属前列。“经过科举制而选拔的官员是一批真正出类拔萃者，千年智慧和哲学宗教的占有者”（法国伏尔泰《风俗志》）。“学而优则仕”，所形成“三斗三升芝麻官”的大阳现象，为世人所瞩目，为乡人所称道。

《阳阿奏奇舞——古镇大阳史话》一书，通过对大阳（阳阿）人、事的考证和剖析，从山川环境、历史源流、人物事件、古建民居、风土人情等方面，追寻祖先的足迹，梳理大阳特有的“文脉与肌理”，触摸大阳传统文化内涵的“根与魂”，来诠释大阳之真谛和具象，澄清了一些历史事实，提出了许多新的看法，给人耳目一新之感，是一本富有新意的史话。

大阳历史积淀深厚，文化内涵丰富。2008年大阳被评为《中国历史文化名镇》；2013年，东大阳与西大阳又同时入列《中国传统村落名录》。

这是先辈们一代代传承给我们的宝贵的历史文化遗产。这些年来，追求经济利益最大化导致的大拆大建之风，在城乡的建设中愈刮愈烈，致使传统民居消失殆尽，一些千年的传统村落文明被灭绝性的“连根拔”。即使有些地方在拆建中还保留了几处有特色的传统建筑，却因忽略了村落灵魂性的精神文化内涵，也只能是徒具躯壳，已“根”断“魂”飞，实属形存实亡。在这次大拆大建的风潮中，古镇大阳是幸运者，尽管曾经过历史风雨的冲刷，容貌已经沧桑变化，褪去了原来的风华。但从传统村落的整体上看，仍古色古香尚在，古风古韵犹存。据山西省建设厅的专家调查统计，现存明清时期的传统民居建筑面积不少于 34 万㎡。这就是古镇所拥有的文化价值之所在，非常值得我们加倍珍惜和全力保护，以宣传促保护，也是本书出版目的之一。我们要深刻而清醒地认识到，古镇传统建筑在使用与保护上现在仍处于困境，其脆弱性远未解决；风雨飘摇、岌岌可危的明清风格的民居建筑随处可见；无视古建筑的文化价值和对传统建筑一旦被破坏不可再生、永远消失认识不足的现象仍然存在。凡此种种，因此，鼓之呼，我们要用现代文明善待历史文明，把根性的中华文明留给子孙后代，勇于担当对古镇传统村落进行整体保护的重任。此为序。

序　二

古镇，一部沉甸甸的历史画卷

苗　挺

作为土生土长的上党人，早就知道晋城大阳是大镇，名镇，古镇。

说起来，大阳还与我的家乡有点“瓜葛”。家乡在距离大阳百多公里外的长治郊区，名为针漳。小时候听老辈人说，村子原名阎家庄，后来因为制针业兴旺，就将“针”字冠作村名。老辈人说，我们村制作的针，针眼是圆的。

后来才知道，大阳针的针眼就是圆的。不知什么年代，大阳针的制作技艺传到了这个百多公里外的村子，并且形成了规模，以致于连村名都改了。

不过，对于历史上的大阳镇，村里人却并不了解多少。

历史上的大阳镇，其实有着比今天更绚丽、更辉煌的风光。

这部《阳阿奏奇舞——古镇大阳史话》，就给我们打开了一部沉甸甸的历史画卷，带我们去观览，给我们详细解说，令我们在增长见识的同时情不自禁地惊讶、向往。

大阳镇位于晋城市泽州县的西北部，吾山山脉的香山为它聚集生机，丹河支流的塔河是它的玉带水，山起西北，水聚东南，集天地之灵气，为大阳人的生存发展提供了丰沃厚重的平台。正是在这么一块宝地上，两千多年前的春秋时代，周王室重臣仲山甫的后人（阳人）来此生息、繁衍，称为阳阿。漫长的历史长河中，阳阿曾是汉代皇帝先封功臣、后封亲属的封侯国，也曾是阳阿县治所在地，从隋文帝整理地名时改称大阳，已经有一千四百多岁了。

如此漫长悠久的岁月中，大阳镇曾有哪些辉煌，曾经给中华文明的发展做出过哪些贡献，走出了哪些精英栋梁之才，给我们后人留下了哪些珍贵遗产？……《阳阿奏奇舞——古镇大阳史话》给你娓娓道来。

作者以严谨有据的史料为基础，综合多领域、多学科、多方位的资料，绘就了大阳古镇的立体画卷。

纵观。汉代作为汉元帝公主的封地，在物产与经济生活较为富足的基础上，文化与艺术曾达到当时的高水平，阳阿侯国是以歌舞闻名于世的。现在人们常用“阳春白雪”与“下里巴人”形容艺术风格的不同境界。典故出自战国时代楚国文人宋玉的《对楚王问》：《阳春》《白雪》和者数十人，《下里》《巴人》和者数千人，中间还有《阳阿》《薤露》，和者数百人。这个《阳阿》《薤露》就是古大阳的歌牌。说明当时它已成为一个影响甚广的流派。阳阿奇舞同样有名。正是在这样的艺术基础之上，古大阳走出了后来成为汉成帝皇后的赵飞燕，及其妹妹赵合德。赵飞燕以精湛的歌舞艺术传名后世，“燕瘦环肥”还成为中国历史上评价美女的审美标准。关于赵飞燕，文人演绎的传奇甚多。她对中国历史文化的悠久影响远大于她作为一个皇后的政治影响。关于她的故乡，史籍记录不详，也有多种说法。作者在书中以确凿的史料，严谨的考证，说明赵飞燕是阳阿也就是大阳人。到大阳古镇寻找赵飞燕，或许也能成为当今发展旅游的一大亮点吧。比那些立牌子造广告的所谓“慈禧故居”要理直气壮得多。

明清时，大阳的经济发展达到鼎盛时期，成为“江北山右”（指山西一带）的富庶之地。从“户分五里，人居万家”的大阳出发的商人，足迹遍及全国并走向海外。其中，以悠久精致的冶炼业为基础，大阳钢针曾经在中国独树一帜。古大阳镇一带的制针作坊多至数百家，形成了一个规模甚大的产业。为了借助神灵祈福，还建起了天下独一无二的针翁神庙。用一个德国人的话来说：“大阳的针，供应着这个大国的每一个家庭，并且远销中亚一带。”这是多么了不起的一大成就！在山西全省，可能不会有第二家。名扬中外的晋商，其实大都赚的是转运转卖的钱。虽然他们在创建发展票号的金融业中显示出独特的智慧与精明，但是在发展实业，特别是制造业方面并无什么大的建树。小小钢针走遍全国，走向世界，这当然要归功于大阳得天独厚的自然资源，但更不能缺乏大阳人的勤劳聪明和创新精神。

横览。对一个镇子的研究与描述，达到《阳阿奏奇舞——古镇大阳史话》这样的全方位和多维度，实在不多见。作者的视野，囊括了地域、风水、沿革、经济、人才、教育、艺术、建筑、民俗、语言……等诸多方面。这不仅需要搜寻、整理、鉴别、析理资料的琐细与辛苦，更要求作者需有开阔的视野，要求对各方面知识的了解与理解达到挥洒自如的境地。开阔的视野就将大阳放到了更大的舞台上，更大的背景下去比较，去定位。明代是大阳的辉煌时代。在经济、教育蓬勃发展的基础之上，人才辈出，济济一堂，成为山西全省考中进士最多的镇。作者以确凿的数据，将大阳一个镇与全省诸多县进行比较，说明当时全省有数十个县落后于大阳。同时，还列出了与堪称文化高度发达的江南名镇的对比。科举考试成绩往往显示着经济实力与文化传统基础，特别是教育事业的发达程度。当我们了解到，大阳的科举考试成绩当时居然能与江南名镇南翔、同里等并驾齐驱的时候，应该为今天教育事业远远落后于它们而感到惭愧。我们远远不如先人。历史是让人们更清醒的一种鞭策和激励。

作者以深厚的乡情和浓郁的笔墨，展示了大阳的古建筑古民居。经济高度发达之下的商铺商号，民谣所言“三斗三升芝麻官”的众多官宦之家，在大阳镇的五里长街、七十二巷摆下了大规模的建筑群。数量之多，规模之大，全国罕见。高门大户、墙厚院深的宅第式建筑与栉次鳞比的街衢式商铺，或官、商合一的大院，百花齐放的格局令人眼花瞭乱：三合院、四合院、八卦院、九宫院、棋盘院、组合院……还有数以百十计的寺庙、高阁，仿佛古建筑的百科全书。作者在描绘这些建筑的规模格局及建筑细部时，不仅细致准确、生动形象，还综合了建筑设计、建筑风水、构件工艺、审美情趣、养生意境等等的特点，超越平面图的局限，在我们面前呈现了一幅立体透视图。这显现出作者对建筑学的研究与理解深度，令读者在了解大阳古建筑的同时，还切切实实得到一种审美的享受与启示。历经千百年风雨，古镇的许多辉煌我们已经只能通过阅读和想像去见识了。唯有历经风雨后还坚强存在着的古建筑和传统民居，能直观且鲜明地给我们讲述过去。这是一份极其宝贵的遗产，我们已经在保护它们的过程中有过许多错误和遗憾了，期望大阳人能更认真更努力地保护这一份珍宝。

纵观与横览，体现了视野与知识的开阔深远。而贯穿其中的灵魂，最丰富也最值得开拓继承发扬光大的，是大阳厚重的人文文化积淀。

社会文化的进步，是多种因素的综合效应，也是一个漫长的积累过程。富甲一方的强大经济实力，走向全国并走向海外的开放精神，给古大阳的文化发展奠定了坚实基础。在这个过程中，社会精英层面的示范、带动、导引、激励更起到关键作用。在漫长的历史年代里，通过教育、科举突颖而出的人才，在农、商、手工业等各领域中做出杰出贡献的人才就是这个精英层面的主力。一个地域中延绵涌现的精英群体，如同一方沃土中不断成长的森林。森林的茂密来自沃土的滋养，而森林的反哺使沃土更加肥美。巨大声望的名人和杰出成功者的后面，必然跟随着众多仰慕追随、学习仿效者，他们的作为与精神也成为代代相传的文化营养。精英群体就是文化的代表者。在古大阳镇，“落钧连引，一门七进士”的孟氏家族；“世代簪缨，八朝为官”的段氏家族；明代的茹太素、裴宇、张养蒙等家族，列入《大阳人物一览表》百数十人等为代表的官宦群体，在为国家建功立业时，或忠心耿耿，以身殉国；或坚持正义，抗直不屈；或任劳任怨，奉公尽职……对大阳的社会文化与社会风气必然产生巨大影响；而那些活跃于农业手工业、商业领域的大户富商们，以诚信立身，以精明立业，以孝道持家，以仁义交往，重视教育，重视科举，重视社会公益建设，也必然对当时当地的社会潮流、社会风尚产生巨大影响。正是这样的历史积淀，形成了丰富厚重有特色的大阳文化。这是一个更大的题目，需要并等待着有志有识之士去展开，去发掘，去研究。书中提及大阳商文化与晋商文化、徽商文化比较而呈现出的特点，就是个很有意义的题目。书中从多种历史文献里择取的数十名精英的列传，也给进一步发掘以人物和故事为代表的人文文化做出了示范。世世代代人口相传的民俗文化，更是一方乡土风情的展示。方言、馔面、灯棚、乐户、铁花……还有独特的《卖针歌》，都是大阳古镇文化的生动组成部分。

名为“史话”，作者行文是十分严谨的。涉及历史沿革、事件、人物，考证清晰，言必有据，完全可以当作史志来读。也许优点与瑕疵常常互为表里，严谨有余就略显拘谨。讲述历史的文字，大致可分三类：一是史志，二是史话，三是演义。史志须忠于史实，言必有据。演义是以历史故事或人物为名义的想像铺张，已经进入文学创作的范围。史话当介于二者之间，属于史实者不可虚构，但描述行文有更多的自由，可以更生动活泼，具有更强的可读性与感染力。近年兴起的“说说那些事儿”类作品，应当属于史话。它们借鉴文学创作手法，以比较生动的文字吸引读者，适应青年人的审美要求，极大地推动了历史知识走向民间。

怀中先生论年龄是我的兄长辈，论资历是我的老师辈，而几十年的交往下来，又成为一杯清茶、无话不可谈的挚友。我非常敬重他治学认真严谨，更佩服他孜孜不倦勤奋耕耘的精神。对于历史知识，我往往只是捡拾片断。这部以系统研究和描述为特征的《阳阿奏奇舞——古镇大阳史话》令我大开眼界。直白地写下点滴读后感，既是心得式的聊天请教，也是一份诚挚的祝贺。

其实，《阳阿奏奇舞——古镇大阳史话》这部书，可以说是研究与论述大阳文化的基础与大纲，还能够从众多方面进一步发掘、展开。如同孔雀开屏一般，向不同的方向、视角伸展开去，大阳的绚丽与厚重将更为迷人。据说大阳镇熟悉并有志于研究古镇历史文化者数以百计，我们完全有理由期待，对古镇大阳文化的众多研究成果将带来更多的惊喜和启示。

序　三

坐中一话即图经

马书岐

《阳阿奏奇舞——古镇大阳史话》即将付梓，王怀中先生嘱我写序，这不免使我有些惶恐。先生即我先生，虽未曾科班聆教，但却是先生将我引上地域文化研究之路的。先生的学识、为人向为我所敬仰，哪有学生为先生写序的道理？故不敢忝为。然先生之美意，又固不可请辞，展而恭读大作，犹如兀入一座邈古之庙堂，春秋秦汉、唐宋明清，历史烟云滚滚而来；豪商大宦，文人俊士，风姿绰约呼之欲出。其文辞麼金结绣，璧坐玑驰，恰如一缕兰香，逼人神驰往反。掩卷之后，仍感余香不断。不禁脱口：好一个村落大卷！

《阳阿奏奇舞——古镇大阳史话》所记乃山西省晋城市的一个名为“大阳”的古老村镇，也即为先生之故乡。先生生于斯，长于斯，数千年的历史文化积淀早已浸透了这块土地，在这里，抓一把泥土都可以挤出文化的浓汁。先生就是在这样的环境中耳濡目染、熏陶滋养，而后又带着这里独特的文化基因考入山西大学中文系，成为姚奠中大师的高足。毕业时，姚先生给其书写有五言诗条幅：“四载坞城路，师生情谊深。今朝分袂后，努力为人民。”学成后执教于上党名校长治二中，先生满腹经纶，循循善诱，桃李满天下。上世纪 70 年代中，先生调到《长治报》社，其间悉心研究地域文化，著成一部《上党史话》，为建国后研究古上党历史文化的开山之作。80 年代初，修志初兴，先生作为长治市地方志事业的奠基人，草创修志之台。我就是在这个时候被先生召入门下的。先生博古通今，尤对上党历史文化情有独钟。当时，全国方志理论尚为空白，先生率先提出

“地方志的两个重要属性，即地方性和时代性”之重要论段，引起全国方志界瞩目，从而声名远播，著名建筑学家罗哲文称先生为“地史学者”。被调入长治市委任副秘书长，从此步入政坛，而后又充任市委统战部部长和市政协副主席之职。在政协工作期间，先生仍孜孜不辍，主编了《三晋石刻总目·长治卷》，摸清了长治石刻文化之家底。尤其值得称道的是，先生年近花甲，亲率人马，铺开了对长治市东部太行山岩溶地貌区考察的宏大工程，由他命名为太行大峡谷。探溶洞，走鸟道，风餐露宿，胼手胝足，历时两年有余，终于揭开了“养在深闺人未识”的太行大峡谷之神秘面纱，并亲自撰文，将太行大峡谷推向全国，推向世界。本世纪初，先生退休，本该享受“无官一身轻”的闲逸生活，但先生却谢绝一切社会活动，埋头斗室，著书立说。数年时间，著出了《风雅大太行》、《山西关隘大观》等数部著作，引发了广泛的社会好评。我有幸参加了《山西关隘大观》一书的编著，再次亲聆先生教诲，获益良多。在先生的计划中，尚有多部著作酝酿出版，《阳阿奏奇舞——古镇大阳史话》即为其一。

古镇大阳，位于晋城市泽州县西北，与高平、沁水接壤，号称“三晋第一村”，但这只是从“村大人多”的角度而论的。大阳之古，其古何来？王怀中先生广览史籍，旁征博引，考证得出大阳为西汉时的阳阿侯国之地。又对汉阳阿侯国与阳阿县的特色与差异进行了分析梳理，理清了一段历史疑案。对于阳阿侯国，先生又顺着历史脉络，上溯至春秋周襄王十七年（前635年），阳人迁此建阳人聚落，一直到西汉七年，有了阳阿侯国，隋朝时因避讳改阳阿为大阳至今。如此说来，大阳距今已有二千六百多年的历史，而且一脉相承，绵延未断，别说山西，就在全国，如大阳之古老的村镇能有几个？

《阳阿奏奇舞——古镇大阳史话》写的是大阳的历史。但又绝不同于一般的仅靠史料堆砌而成的历史，因为饱含了先生的桑梓之情在内，读起来意味绵长，犹如一壶陈年老酒，其味之甘，其情之烈，读后使人神完气足，不忍掩卷。恭读全书的过程，即是又一个学习的过程。学习即有感受，突出之点有三：

一曰广。《阳阿奏奇舞——古镇大阳史话》全书共分十一个部分。第一部分为自然状况，先生从地理位置、山川格局、山水形胜三个方面全面论述了大阳地理形势，而且运用易学理论阐述了人与自然共生共存和谐相处、天人合一的生态环境，指出了大阳之所以能够绵延数千年的根本原因所在。第二部分为历史沿革，先生通过查阅大量历史资料，追溯出了阳阿本源与大阳由来，既有志书条理、科学，内容客观、翔实之特点，又体现出了考证周密、严谨之治学精神。第三部分为阳阿歌舞，赵飞燕的故事世人皆知，但赵飞燕作为中国历史上著名的歌舞艺术家，其所处的历史背景、阳阿歌舞的奇妙之处以及赵飞燕的籍贯身世却很少有人作过专门的研究。先生让我们走近了赵飞燕，首次提出赵飞燕乃上党阳阿人（即大阳人氏）的可信立论。第四部分写大阳针都。山西为煤乡，晋城为优质煤乡，古来大阳，既产煤，亦产铁，但大阳能利用这种先天优势，将一枚缝衣针做到极致，这在全国也是很少见的。明清时，“大阳的针供应着这个大国的每一个家庭，并且远销中亚一带”，“户分五里，人聚万家”，一个小小的缝衣针，闪烁出的智慧灵光，竟然照耀了中国数百年。第五至第八部分分别为村镇架构、大阳人物、民居大院、古代建筑。在这四部分中，大阳人物应为重中之重。如果不是经先生的钩沉梳理，我们很难想象区区一个大阳，历史上曾出过武状元一人，进士 28 人，举人 76 人；尚书、侍郎、将军、布政使、监察御史、按察使 18 人，府州官吏主职（包括同级的京官）40 余人，入仕者多达数百人；国史有传的 10 余人。其中抗直不屈的明代户部尚书茹太素、博学多智的明代礼部、工部尚书裴宇、敢言建言的诤臣张养蒙、常恒昌等著名历史人物，竟也都是大阳人。金代状元李俊民，虽说不是大阳人，但归隐之后长期在大阳延教兴学，地灵人杰互为滋养，方使得大阳科甲昌达，英豪辈出。大阳也正是因为有了如此众多的英才俊杰，也才有了一个又一个的官商大院、古建民居，有了“南北四寨上，沿河十八庄，三十六座庙，七十二条巷，七市八圪垱”的村镇架构，尽管历史沧桑，风雨侵蚀，再加上种种人为的因素，古迹已所存不多，但就现存传统建筑面积，仍有 34 万平方米，居全省之冠。大阳也因此在 2008 年被列为中国历史文化名镇。第九至第十一部分为乡土民风、诗文碑刻以及史籍留存，尾缀大事记。全书资料翔实，体例完备，条理清晰，经纬分明，恰如金代状元李俊民在《大阳与诸友话旧》一诗中所言：“不用看碑问前事，坐中一话即图经”。

目下，描写记述大阳的书籍有好几部，但如《阳阿奏奇舞——古镇大阳史话》记述之全面，内容之丰富，剖析之深刻之作还未曾见到。先生本着为大阳负责为家乡负责之精神，广泛搜集了大量的历史资料，去粗取精，去伪存真，填补了大阳的多处史料空白。秉承史家笔法，据事说理，不偏不倚，“有证则书，有疑则缺，有讹则辨”。对于一些重要历史人物和历史事件，交错互见，从不同角度，互为印证，既可说明问题，又可避免重复或遗漏。所以说，这部史话就是大阳古代文化的集大成之作，对于研究中国的古代村镇文化有着极其重要的作用。

二曰深。《阳阿奏奇舞——古镇大阳史话》在全面记述大阳历史的基础上，还进一步将笔触探到历史的深处，挖掘其蕴含在历史背后的文化根源，诠释其独特的文化现象。如在记述阳阿奇舞时，先生不囿于史料，敢于用批判的眼光为赵飞燕正名：

> 赵飞燕是中国历史上有名的“色艺双绝”的佳丽美人。文人雅士们常常以其为茶余饭后的话题，并每以她的故事为题咏诗作词，以唐诗为多，一些诗人在赞扬赵飞燕高超舞技的同时，对其身世给以同情。但也有些小说传奇作品牵强附会，添油加醋，并将其妖魔化、淫秽化。更有甚者，刘向、刘歆、杨雄、谷永等人发明了一个女人祸水论，意为“汉为火德”，赵飞燕姐妹是“祸水”，“祸水灭汉”。又经过伶玄在《飞燕外传》中以文学形式的渲染，推波助澜。北宋又有史学大家司马光在《资治通鉴》中引用《飞燕外传》之语，把“祸水灭汉”论的观点推进一步。此后，在长达八百余年的封建社会里，《通鉴》一直占领着舆论与道德的高地，掌握着话语权。这就使得赵飞燕一直处于被批判的地位，形象被扭曲，完全成了被污辱者与被损害者……

在写到大阳针都时，先生从悠久的冶铁业写到制针业的兴旺与衰落，然后用较大的笔墨写到了因制针而兴起的大量商铺和商号以及大阳独有的针翁庙，写到了因卖针而形成的针文化，复原了当初的《卖针曲》和《卖针歌》，看似平常，实属匠心所在：

集市上，庙会上，大街上，小巷里，凡是人群扎堆的地方，就有卖针人的身影。他们一手拿一块小木板，一手往板上甩针，口中唱着小曲。就那成排成行，或成花物状的娴熟甩针技艺，已够使人着迷了。更因为他们唱出的小曲调子好听，诙谐，幽默，即兴编词，机动灵活，妙语连珠，趣味横生，令人忍俊不禁。就在人们的欢笑声中，针也轻松地卖出去了。

……针业所形成的“文化”，大阳人那种敢为人先的创业精神，那种“爱拼才会赢”勇闯市场的拼搏行为，都是留给我们的宝贵遗产。它的兴衰过程，也留给了我们太多的思考与启迪。

古大阳的方言，虽然归入晋城方言系列，但大阳人至今某些词语的发音仍有其地域的独特性，先生从古大阳的方言入手，研究得出“如果将大阳方言划出一条同语线，那我们就会发现，大阳方言地图，恰好是古阳阿侯国的地图。这就清楚地告诉人们，大阳方言源于古阳阿侯国时期的西汉”之结论，这种研究方法在史学研究领域还不多见，或者说还未被人们广为引用。

大阳人科举取士人数众多，因此作官的人数也就众多，在中国的古代，这几乎是一条并行不悖的规律。先生仅就明清两代大阳的科考取士人数与山西省乃至江南一些历史文化名镇作了比较，结果在明代，山西全省少于大阳一个村的进士人数的县就达72个，其中还包括了太原、大同；明清两代，江南10个历史文化名镇的举人、进士人数只有3个镇高于大阳。先生分析了这种特殊的大阳现象：

一、深厚的历史文化底蕴是基础和土壤……

二、家族文化起了引导与传承的作用……

三、工商业文化起了支柱与推动的作用……

在记述民居古建时也有如是的比较分析。有比较才有鉴别，有鉴别方见其深。正是这种鞭辟入微的分析，使《阳阿奏奇舞——古镇大阳史话》

在广度的基础上更增加了深度，而广易深难，深度往往更能体现作者的视野学养，更能引发读者的共鸣与思考，因此也就显得更为重要。

三曰美。《阳阿奏奇舞——古镇大阳史话》之美，不仅美在形式，如每篇之始，都引用一首与内文有关的古诗或名句，若如进餐之前，先饮一杯美酒，使人喉润肠热。更给人带来美感的是行文之美，珠玑之句随处可见：

> 岁月洗涤，历史远去，千年战火已云消雾散，痕迹荡然无存。塞垒荒芜的瓦砾中几树风花正开得艳丽浓烈。安宁平静的山村荒野景象，仿佛刀光剑影、极度惨烈的战争，未曾在这里发生过一样。这一历史事实已销声匿迹，被掩藏于历史的深处。
>
> ……
>
> 裴家大院的建筑绝不是简单的空间组合，形态罗织，建筑及其规则，是有构思意韵和文化内涵的。但裴家大院的建筑已经过了数百年的风雨岁月，今日已拆改逾半，芜杂可哂，非昔日之旧容，或破坏无遗，或仅余大略……
>
> “荏苒冬春谢，寒暑忽流易”，家族兴衰，沧桑变化，无声的古民居建筑一旦破坏，古镇历史文脉就会被割裂，最终导致古镇记忆的消失……

之所以选择上述几段文字，意在除了领略其文字之美之外，还可得见先生的忧患意识。下段如是：

> 历史文化与自然风貌相融合，体现了古镇的生态环境价值。古人常把生态环境美的村落比作“桃花源”、“杏花村”，而古代诗人就把古镇大阳比作了杏花村，人们诗情画意般地生活在这样的环境里，是何等惬意。然而，沧桑变化，面目全非。铁路专运线和新修的街道道路的挤占，建房盖屋的壅塞，使得河道消失、古建被毁。这种以破坏生态环境为代价的建设，如此无视文化价值的行为，是和科学发展观、“美丽中国”的要求大相径庭，其教训也是十分沉痛的。

这应该是一段不忍卒读的文字，那种哀伤之美，纠结之痛，拳拳之心，跃然纸上。

中国传统文化的根在哪里？毫无疑问，是在农村。在农村广袤厚实的土地上，在农村潺湲流淌的溪水中，在农村参差不齐的房檐间，在农民纵横如壑的皱折里。然而，曾几何时，传统意义上的农村在以不可想象的速度迅速消失。几年前，我曾去过一个位于上党古道上的村落，一街两行，全是旧式店铺，虽然檐歪墙裂，板门斑驳，但破旧中透出一种古老文化的震撼力，尤其是街中的那条古道，青石铺就，古人的脚步早已将石面打磨得光滑如镜，中间两道深深的车辙，无声地诉说着不尽的沧桑。几年后再去，当初的那幅景象已被整齐化一的现代楼房所代替。如今的农村，几乎所有的年轻人都挤入了外出打工之列，少数没有外出打工的年轻媳妇，也大都带着孩子踏上城镇陪读之路，农村剩下的多半是孤寡老人，伴着衰朽的老宅而一并走向衰朽。最富含中国传统文化的农村已离我们渐行渐远，最终或被我们的后代认为那可能是一个童话般的谎言。

在这个意义上说，古镇大阳还是很幸运的，因为作为上党历史文化的村落代表，有了国家的保护，相信不会在短期内消亡。王怀中先生也是很幸运的，因为先生终有一个赖以自豪的故乡，根有所扎，脉有所系。大阳也会因为先生的这部大作而将其优秀的传统文化发扬光大，相得益彰，传世历史。

目　录

第一章

上风上水山川秀

山头多少往来人，香火争将瓦鼎焚。
箫鼓下山人渐远，晚风吹起一溪云。

——〔金〕李俊民《吴神》

一　地理位置

大阳镇古称阳阿，在泽州县的西北部，距晋城市区约 23 公里。其北与高平市马村镇为邻，东和南为巴公镇，西为下村镇。

镇之西北的吾山（也称武神山、五神山、吴神山、梧山等），相传是梧邱子隐居地，为泽州、高平、沁水三县市的交界处，有“鸡叫一声听三县”之说。吾山山伟雄壮，气度不凡，为泽州县的最高峰，是泽州县的发脉之宗和水源地。发源于泽州县最大的河流——长河，古称阳阿水，就源出于吾山。北魏郦道元的《水经注》有：“沁水又东南，阳阿水左入焉。水北出阳阿川，南流经建兴郡西”，说的就是长河。《凤台县志》也记有：“阳阿水出县西北六十五里吴神山之右，南流在香炉山。”吾山是祭祀和祈福之地。金代状元李俊民的《吴神》诗，就描绘了吴神山空灵神圣的情景和祭祀的热烈场面。

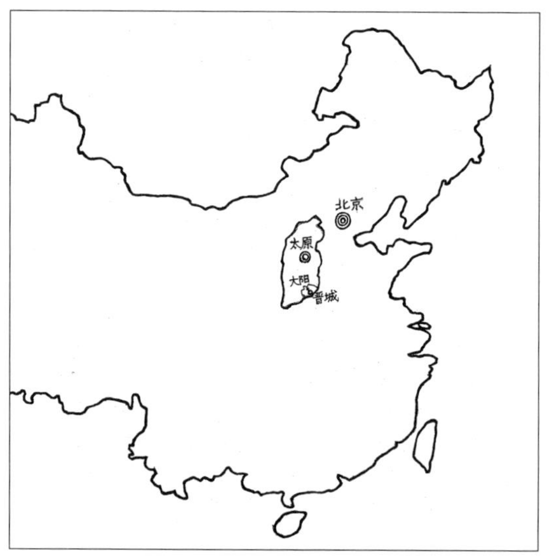

大阳的地理位置

二　山川格局

香山为吾山东南之支脉，因林木葱茂，花香四溢，故名，且形似香炉，也称香炉山。大阳镇位于香山之麓，香山端崇体正，云蒸霞蔚，为镇之标识。吾山是大阳镇的祖山，香山是大阳镇的主山，香山高其前，吾山障其后，山外有山，重峦叠嶂，高低远近，明暗浓淡，富有层次地屹立在大阳镇的西北，俨然为天然之屏障，阻挡着西北方的冷风寒流，迎纳着东南方的充足阳光和暖湿气流，造成了良好的生态环境和气候条件。民谚的“香山雾腾腾，大阳雨纷纷”；“吾山遮了脸，大阳水涟涟”；“香山晚霞高照，晒得大阳老婆（儿）呜叫”……都是说吾山、香山与大阳气候的密切关系。

香山是大阳龙脉结宗之所在，发脉于香山的两条冈峦自西而东迤逦起伏，环护围合于镇之南北两翼。冈峦来龙有力，去脉有致，左辅右弼，相拥护卫，像两条手臂样合抱“阳阿”，形似“太师椅”状，“既景乃冈，相其阴阳”，是吉地山形。

香山是大阳的水源地，源出香山的前河（塔河）和后河，蜿蜒屈曲，悠悠有情地环流于镇之南北，为环抱状之玉带水，是吉祥之水形。“村前

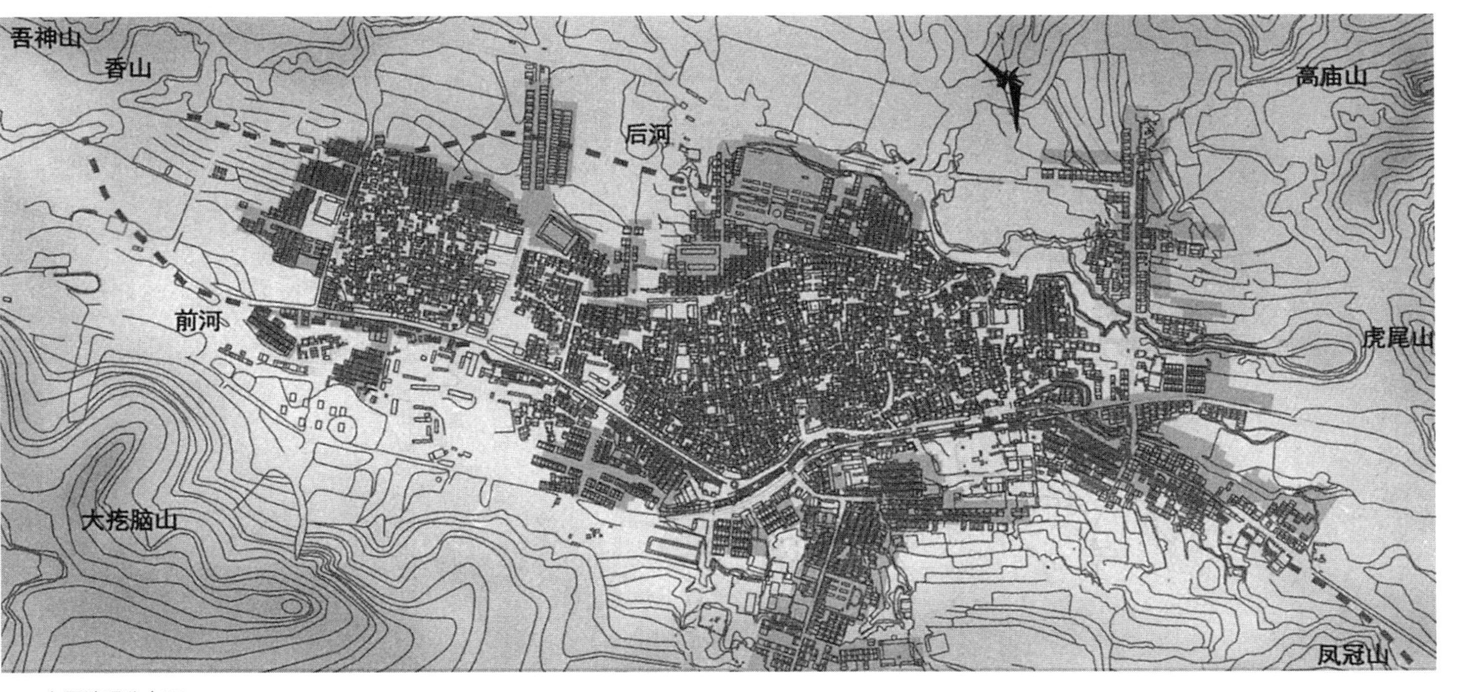

大阳地理分布图

望河楼

若有玉带水，高官必定容易起”（《阳宅十书》）。而溪河萦绕环抱的大阳镇，地形高隆又如同金龟。龟是堪舆中以物取象的吉形。龟谐音为贵，乌龟为富贵，金龟为金贵。古人以龟为通灵而长寿的神物。“金龟紫绶，以彰郧则”，金龟还是作官的象征。无论是以山形意象的“太师椅”说，还是以水形意象的“金龟”说，都为山水地理的生态环境，风水堪舆的吉祥之地。这是风水学中“喝形”比附的意象思惟，借助风水的神秘，表达了一种神圣的吉凶观。

在风水理论中，水是财富的征象，守住水就是守住了财富。因此，古人对水口的营建是十分重视的。大阳东南低洼处，是前河出村的水口，恰为巽方的“地户”。古人在此“周密稠迭，交节关锁”，建有天柱院，天柱塔、娲皇庙。天柱宝塔，高标雄尊，一柱突秀；土岭高处的娲皇庙，崇峻震耀，气压千岭。庙和塔之名有女娲“立四极以補苍天”之意，加强了锁关之势。古人还在水口处南北夹岸的土岭上广植松柏林木，形成了终年郁郁葱葱的水口景观（当地人叫松坡），意在重设关防，藏风聚气，以镇地方，以丽形胜。水口又是气口，“若人之口鼻息道，与运命攸关，故对水口砂极为重视，既须险要，又须至美，以壮观瞻，有诸多讲究”。从地理环境的自然美学上看，在低洼水口处建立高大庄严壮观之建筑，有“趋

通济桥图

全补短，增高宜下”“障空补缺”全自然之性的功能。古人充分注意了地理环境及景观对人文影响，着意因借自然并裁完善，使自然之构图趋于稳定，取得了人们心理上平衡和谐，获得一种平和感，满足人们心灵上的需求。

不仅如此，古人还在镇东五华里三水汇流、两山对峙的底河，利用自然的南、北山势欲合、束水（前、后、洞沟三河）扼门的外水口，建有两座山神庙，借神力重重关锁，层层设障，以严扼水口。此举人们往往忽略，“堪舆家谓守门户”，是为“储财源而兴文运者也”。大阳镇在历史上也确实人杰地灵。尤其在明清时，所谓“财源丰茂，人文昌盛，科甲连绵，官宦层出”，被人们视为风水宝地。

通济桥，当地人称南大桥，是建在大阳镇南门外前河上的一座单孔石桥，为泽州县的名桥。其始建年代不详，元代人元长的《通济桥》诗云：“半空驾起苍龙脊，不怕双溪水来急。踏向亭亭高处望，东西有路通南北。”在明代重新大修（此桥已在上世纪 70 年代因建地方铁路专运线拆毁，甚为遗憾惊讶），“斯桥为风水之悠关”，以扼要冲，以守门户，以达道路，以壮景观。抛开风水的吉凶观，“桥”无论从村落出入口的道路上，还是景观上，都起着主要的作用。诺伯格·斯卡尔兹在《实存·空间·建筑》一书中说：“需要对方作一个选择的时候，而‘桥’就是一个有特殊意义的路径。因为它将两个范域连在一起，并还拥有两个方向，因此常处于动态平衡的强烈感觉中”；“桥梁使得人之占有河流空间成为可能，在这里他同时感觉到外部及内部、自由且被保护、在属于同一整体的两个范域内来回移动”。

大阳镇处于沁河与丹河的支流发源集结之地，在泽州县位居上风上水，有高屋建瓴之势。其西北有吾山、香山屏藩罗列，南北两翼有土冈环卫回护，东面为舒阔开展，农田连陌之野，其间有三条溪水屈曲环流。其山川地理形势，正合“山起西北，水聚东南”，“天不足西北，地不满东南”，西北为“天门”，东南为“地户”的理想风水模式。“好风水，就是美”，有良好生态环境和自然美的地域风貌，有人与自然共生共存和谐相处的大阳镇，可谓“天人合一”，是一处“聚天地之灵气，育人文之俊逸”的山水吉地。

三　山水形胜

吾山：位于泽州、高平、沁水三县市交界处，为三县市的水源地之一，泽州县的长河、高平市的许河、沁水县的玉溪河等，都发源于此。《凤台县志》云：“境内山分三支，中一支自吾山，东西南三分，盘结于太行”，属太行山系。山体为石灰岩，植被为荒山疏林，矿藏有煤铁，总面积约10平方公里，主峰海拔1346.6米，为泽州县的最高峰。《阳阿志》载有“泽（古泽州）发脉于吾山。吾山崔巍于郡之西北，香山承其脉为麓，屏藩阳阿”。吾山是大阳镇的祖山，给大阳镇空间布局以高雄深远之感，赋予自然景观以神秘的诗意色彩。清代范鼎的《雨后过吴神岭》写道：“策蹇寻归路，凉风袅一鞭。危峰人斜照，半壑见人烟。瀑乱虹争水，山分雨各天。侵心秋思逼，几堎早禾田。”

香山：因形似香炉也称香炉山，位于大阳镇之西北。《山西通志》有：“吾山下稍低曰香炉山。”香山面积约7平方公里，主峰海拔1178.5米。山顶有一株千年古松，虬蟠雄健，风姿凌空，亭亭然如王者伞盖。其东略下，又一石鹰雄踞（人称“鹰嘴石”），面东突兀而傲然屹立，巡视着前方开阔空明的大阳大地。东南北，不论从哪个方位到大阳，首先映入人们眼睑的就是这株香山古松，她是大阳镇的标志和象征。由于古松的点缀，大阳镇的空间布局顿觉生气无限，意境深远，美不胜收，妙不可言（上世纪 70 年代古松被毁，甚为可惜）。

香山松柏满坡，花香四溢。尤其是游人在古寺前的水泉边饮酒时，碟大似的蝴蝶纷纷飞来，翩翩起舞，为香山的一大景观。如今一些景物已经消失，令人痛惜，使人索然。

香山是大阳镇的主山、座山。发脉于香山的两条山岭，北曰紫金山，南曰贵人峰，无梁殿岭，"冈阜坡陀"地环抱，大阳镇好像坐落在太师椅上。这样的风水意象是非常吉利的。古人倡导的堪舆学，村民所追求的风水，无非是寻找一个好的山水环境蓄养生息，这与现代科学所强调创造好的生态生存环境在本质上是一致的。

长河: 古称阳阿水，因发源于古阳阿境内的吾山南麓而得名。《水经·沁水注》有："阳阿水北出阳阿川，南流，经建兴郡西。"《泽州府志》："长河，发源凤台县大阳镇，径阳城境入沁河，古阳阿水也。"《凤台县志》有"凤台西北者吴（吾）山，亦曰梧山，阳阿水出，阳阿古城在焉"。阳阿水虽不流经阳阿城，却以地理坐标的形式，为阳阿城的地理方位和历史信息提供了佐证。隋时，阳阿改大阳时，阳阿水也随之改为长河。

长河经今泽州县的下村、大东沟、川底、周村、李寨等乡镇，注入沁水，全长 54.7 公里，流域面积为 421 平方公里，上游建有 8 座水库，为流经泽州县的第三大河流，是源于泽州县的第一大河流，流量为 0.96 立方米/秒，水库以上为常流河。

塔河：上游称前河，因流经天柱塔而得名。塔河发源于香山之麓，经大阳镇时有海泉水汇入，又在东神坡处有后河来汇，又至底河处有洞沟河水汇入，统称塔河。其东过南、北山夹束隘口，出大阳镇入来村境，又与浩水汇后称巴公河，注入丹河，全长 22 公里，流域面积 188.8 平方公里。

塔河是大阳镇的水源地，两岸分布着古井，人们世代汲水于此。因之，塔河与大阳镇息息相关。"其大河之源即发于山之西北隅，潆洄曲折，如带之围，环抱西村，万家居民利赖无穷。"（禁行炉碑文）塔河不仅是古镇的玉带水，有着风水意象的吉利，而且还是古镇的一道美丽的风景线。塔河几经蜿蜒，屈曲有情，潺潺生动地沿镇南而过，舒朗的空间，流畅的形态，葱郁的植被，斑斓的色彩。特别是众多的古建（水门阁、观音堂、南讹门、针翁庙、望河楼、魁星楼、龙王阁等高耸北岸，而南禅院，南河庵、天柱塔、娲皇庙等竦峙南崖，相对布列，错落有致，又有通济桥卧波其上）点衬。形成了人工与自然，对比与和谐，变化与统一，动与静，高与低等多种形式美的特征。并巧借外部水景，作为古镇内部街道空间的对景，使之浑然一体。历史文化与自然风貌相融合，体现了古镇的生态环境价值。古人常把生态环境美的村落比作："桃花源"、"杏花村"，而古代诗人就把古镇大阳比作了杏花村，人们诗情画意般地生活在这样的环境里，是何等惬意。然而，沧桑变化，面目全非。铁路专运线和新修的街道道路的挤占，建房盖屋的壅塞，使得河道消失、古建被毁。这种以破坏生态环境为代价的建设，如此无视文化价值的行为，是和科学发展观、建设"美丽中国""美丽乡村"的要求大相径庭，其教训也是十分沉痛的。

香炉山

〔清〕王佺

山，吾山之麓也。濩泽发脉于吾，吾崔巍于郡之西北。承其脉而状丽其形，青翠其色，屏藩阳阿，延绵濩泽者，则香炉山也。状若鼎然故以香炉名山，以高丘量村，里许，叠嶂层峦俱嵚崎峭拔，深沟巨壑，窈窕幽邃。黛凝文君，淡若西子，此本色之天然也。若神像庄严，院宇精洁，飞楼栖云，层台铺月，泉敲石鼓，风弄松琴，贫僧披湛露之衣，游客卧彩霞之被，幽谷猿啼、寒潭虎迹，其景色有不可殚述者，果人力欤？山之灵欤？是未能知也。佺尝肄业于此，与方猷张子、骏声金子、足憩素石，缨濯水湄，文就烟窗雪案，诗敲萝韵松声，凡山间美景变态领略殆尽、迄今追忆，犹梦寐不忘云。

山坐西微北，村居南而错东。
曲径人攀古木，深山夜半疏钟。
经阅铺几萝月，暑忘拂坐松风。
古寺依稀天外，老僧出入云中。

通济桥

〔清〕王佺

阳阿之南门名南讹，远通南省，近达州城，为乡人来往之要路也。深渠隔岸，流水春云。士女之红尘，万辔尽叹迷津；耕商之绿野，千车皆为病涉。有明嘉靖时，裴春官公子经营廉善而成桥焉。巨石层铺，金钉密锁。旁视上弦之月，卧观不雨之虹。为见“飞登彼岸者，不假秦皇之鞭，直达周行者，何须郑相之舆”，盖功高蔡襄德美宋祁矣。不特春潮泛滥，秋雨泥泞，行者未能忘之，而影动绿波，驰公子之马，妍争红袖，步佳人之莲，当火树银花既合，星桥铁锁方开，且增冶女游夫之闲情也。

驾得星桥不病涉，凭眺人堪悦。

最好廉图中，驴背诗翁，拈髭吟风雪。

题桥司马真英杰，往事犹堪说。

折柳送行人，把袂叮咛，歧路难分别。《醉花阴》

第二章

历史沿革源流长

寻芳来入杏花村，见客人人有典型。
不用看碑问前事，坐中一话即图经。

——〔金〕李俊民《大阳与诸友话旧》

李俊民的这首诗告诉人们，古代的大阳既是一个风光美丽可居可游可赏的“杏花村”，又是一个历史文化积淀丰厚的古村镇，以至于人们“不用看碑问前事，坐中一话即图经”。这样一个风土完厚，人文化成，“郁郁乎文哉”的古镇必定有其深远之根脉。

一　阳阿本源与大阳由来

阳阿本源

（1）以方位定名《玉篇·阜部》云：“阳，山南水北也。”阳阿在吾山和香山的南面，为之阳；《尔雅·释丘》云：“偏高，阿丘”，“大陵曰阿”。《广雅·释诂》云：“阿，邪也”，“邪”同“斜”，不正也。而阳阿在吾山和香山的南偏东，即东南面，《阳阿志》有“山坐西微北，村居南而错东”。又为丘，因之名为阳阿。

（2）以阳人聚落命名

《汉书·沟洫》中有："贾让奏：时至而去，则填淤肥美，民耕田之，或久无害，稍筑室宅，遂成聚落……""聚"为聚集，"落"为落地生根和定居之意。阳，即阳樊，在今河南济源市西南。阳樊本是"殷民七族"的樊氏之地，也是殷司寇苏忿生十二田之一。周时为仲山甫（父）之食邑。仲山甫为周宣王中兴之治有大功的重臣，封樊侯，同时又是周王室的皇亲国戚。《国语》有"阳人有夏、商之嗣典，有周室之师旅，樊仲之官守焉，其非官守，则皆王之父兄甥舅也"。这说明阳人是有来头的，是有地位、有功德、有声望的一族群（非单一血缘姓氏），是一个"多元一体"稳固的共同体。

春秋时，周王室衰微，诸侯国坐大，礼坏乐崩，天下大乱。先是在公元前712年，周桓王把阳樊地送给了郑国，这使阳人很是不满。接着周襄王又在公元前635年，把阳樊地赐予晋国。这次彻底激怒了阳人，阳人不服，把晋国的移民驱逐了。因此晋文公兴兵围攻阳樊，虽经说服晋国撤兵。但周王一而再地以牺牲阳人的地方，去讨好诸侯，使阳人感到失望与恐慌，于是发生了逃离的现象。其中一支来到今大阳处生息、繁衍。新邑又为山南水北之阳地，和原居地（太行山之南，济水之北）的条件相仿，适宜建设阳人聚落，故名阳阿。《四州文献》、《上党记》如是说，《泽州府志》引用了《四州文献》之说。但阳人迁徙于阳阿（今大阳）的时间，按史料考证，梳理历史脉络，要比《四州文献》记述的时间还要早380余年。《左传》、《国语》等古籍中也可找些蛛丝马迹。钱穆先生在《古史地理论丛》一书中有"盖古人迁徙无常，一族之人，散而之四方，则每以其故居移而名其新邑，而其一族相传之故事，亦遂随其族人足迹所到，而递播以递远焉。此其例不遑枚举，……"，而阳阿即是也。大阳镇的汤帝庙，甫太尉庙，以及针翁庙的"业齐仲山"匾额、中（仲）山井等古迹，都透射着这一深远的历史信息。

谢灵运的"美人竟不来，阳阿徒晞发"；何景明的"晞温暾兮扶桑，讯灵居兮阳阿"；谢无量的"晚岁思丹鸟，阳阿放白鹇"等，都是从《楚辞》中的"与女沐兮咸池，晞女发兮阳之阿"之意引伸而来的，阳阿是指朝阳初升时所经过的地方，富有神话传说的浪漫色彩，与此处的阳阿（今大阳）并无些许关系。

大阳由来

隋朝建国后，隋文帝开皇年间，几次对全国的地名进行清理整改。地名的吉恶、避讳是中国历史上特有的一种制度，古代帝王十分重视，特别是与帝王姓名相同或相近的谐音更为关注。“阳阿”的“阳”与隋文帝杨坚的“杨”同音，而“阳阿”的“阿”有“曲限阿从”、“曲隅阿附”、“不正”之意。这个不雅视听且对“杨”大不吉利的地名，非改不可，于是改“阳阿”为“大阳”，以显阳（杨）之光明正大，轩昂正气。同时，改“阳阿水”为“长河”，有泽水长流之意，这是因避讳而改名的。开皇年间，对全国带“阳”字40多处地名进行整理改动。山西境内，还有改“阳曲”为“阳直”；改“平阳”为“平河”；改“阳邑”为“太谷”。隋以后，阳曲、平阳又改回原名；而太谷、大阳之名却一直延用至今。

阳阿大阳，共有着一个“阳”字。这个“阳”，既指明了地名的方位，即山南水北：吾山香山之南，长河（阳阿水）之北；又蕴含着地名的历史根脉与基因，即阳人落地生根的文化元素与内涵。这是阳阿、大阳地名的高妙之处。大阳之名，读音高扬洪亮，形象大气轩昂，意义深邃流长。山川之灵，传承有序，这都透射出地名文化的魅力。

二　阳阿城

在古代典籍中，叙述阳阿城地望大致有三种方式：一是以高平县城为坐标点叙述的，如《读史方舆纪要》：“阳阿城在今高平县南六十里。”二是以今晋城市区为坐标点叙述的，如《一统志》：“阳阿城在今泽州晋城县西北五十里大阳镇。”三是以沁河为坐标点叙述的，如《水经·沁水注》有：“沁水南经阳阿县故城西。”《魏土地记》曰：“建兴郡治阳阿县。郡西四十里有沁水，南流。”这些坐标线交汇于一点的阳阿城，就是今大阳镇。阳阿城的定位，还有一个方法，那就是阳阿水。阳阿城与阳阿水有着相因的关系，并互为参照见证。两者在《水经注》成书的北魏时已经成名了，可见其由来的久远。清代王先谦说“因水以证地，即地以存古”，符合事实，很有见地。

细剖析起来，阳阿城可分为阳阿古城（偏城）与阳阿故城（或为阳阿故县城）。为了叙述之便利、清晰，本文以阳阿古城与阳阿故城之称来表述。阳阿古城在今大阳镇北一公里处，即今泽州县大阳镇的后河与高平市大周纂（今简称大周）村的前河之间的土塬上，也就是当地民谣中“早先还有个北大阳”的“北大阳”。阳阿古城于春秋中期建邑，始为半里或一里见方的邑城。战国时，三家分晋时属魏，韩魏易地后属韩，为韩上党十七城之一。韩上党太守冯亭将上党归赵后属赵。长平之战后归秦。在秦赵战争中，阳阿古城、饮马村（今高平市马村镇）、光狼城（今高平市的康营村）、古寨（今高平市的古寨村）、庄头（今高平市的庄头村）等处均为军事要塞，乃居于秦军攻赵要道上的陉口，为“二鄣四尉”之地。《史记·白起王翦传》中有王龁“陷赵军取二鄣四尉”，“白起攻赵，取代光狼城”，说的就是这一带地方。金代诗人李俊民凭吊古战场时，写有《过古寨》诗：“系马垂杨日半斜，荒村篱落两三家。可怜华屋生存处，瓦砾堆中几树花”。岁月洗涤，历史远去，千年战火已云消雾散，痕迹荡然无存。塞垒荒芜的瓦砾中几树风花正开得艳丽浓烈。安宁平静的山村荒野景象，仿佛刀光剑影、极度惨烈的战争，未曾在这里发生过一样。这一历史事实已销声匿迹，被掩藏于历史的深处。

两汉时，阳阿古城为阳阿侯国的中心城邑。西汉初，阳阿城已发展为统有五百户的城邑。阳阿歌舞使这座古城蜚声于世，刘安《淮南子》的“足蹀阳阿”，曹植《箜篌引》的“阳阿奏奇舞”，都是这方面的写照。

大阳发现的汉代绳瓦

上世纪70年代，考古工作者在这里发掘出了大量绳纹大板块汉瓦残片，后来人们在修路和耕作时又不断发现了绳纹秦砖，以及其它建筑构件。这都证明此地在秦汉时有相当规模的建筑群存在，也是阳阿古城最直接的物证。

十六国西燕时，慕容永于阳阿古城置阳阿县并治建兴郡。“晋太元中，西燕慕容永于阳阿县置建兴郡”（《山西历史地名录》）。

南北朝北魏和平年间，阳阿县并建兴郡治所，从阳阿古城南徙至距此仅一公里的阳阿故城即今址，此次徙址古书有记载。《水经·沁水注》称今址为“阳阿县故城”。上世纪40年代，在大周村北岗出土的郭翻墓志铭记述有“君讳翻，字仲翔，建兴郡阳阿人也”。“正光二年（521）岁次辛丑二月二十一日，卒于洛阳寿安里。其年三月己巳朔，十六日甲申归葬于偏城之北岗”。郭翻为北魏襄威将军，去世后，灵柩由洛阳返回乡梓，归葬于阳阿偏城之北岗（今高平市大周村东北的土岗，古时为阳阿城范域）。当时大周还未建村（北周时建村，名为周纂）。郭翻归葬时，阳阿县治所已从阳阿古城迁至阳阿故城（今址），而称阳阿古城为偏城，从这些记载中，也反映了阳阿城迁徙变化的一些历史脉络。

三　阳阿侯国

《汉书》记有汉高帝七年（前200）封其石为阳阿侯，“以中谒者从入汉，以郎中骑从定诸侯，侯，五百户，功比高湖侯”。“孝文十年（前170），侯安国嗣；孝景四年（前153），侯午嗣；孝武元鼎四年（前113），共侯章更封埤山；元封元年（前110），侯仁嗣；征和三年（前90），坐诅祝，腰斩；孝宣元康四年（前62），石元（同“玄”）孙之子长安官大夫益寿诏复家。”汉元帝时，阳阿城为一公主之封邑，称阳阿公主。汉成帝时，仍为阳阿公主食邑。

阳阿侯国，侯邑阳阿城为“一乡一邑”之地，这是由其封户而定的。论功定封，按爵行赏，汉初“列侯但以封户定其疆界而食之”，后来因经济发展，人口户数增多，“则以疆界为准，凡疆界内户尽食之，不复以户数为定”。钱穆先生在《秦汉史》书中云：“考高祖功臣尽一县者，

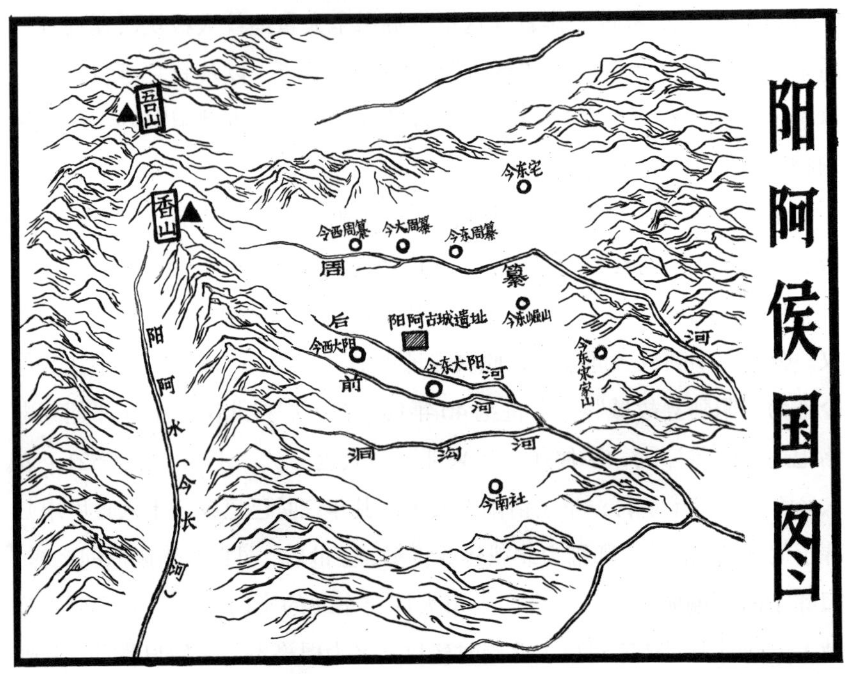

惟陈平一人”。“匡衡初封乐安侯，食邑六百四十七户，为僮之乐安乡”。陈平为功劳大者，封曲逆侯，食五千户，其封地相当于一县之域。而阳阿侯食五百户，比匡衡乐安侯还少一百四十七户，只可食阳阿城一邑之地。阳阿侯的封户多少，确定了阳阿侯国疆界的大小。阳阿仅为一乡之侯，但侯国虽小，侯却为“有土之君”，有“自置使”，“得赋税”两项特权，并直属汉中央管理，不为地方郡县所辖。《凤台县志》的沿革表中西汉栏内，把阳阿侯国与上党郡并列，上党郡下有高都县。《泽州府志·方舆志》中的西汉条内记有“泫氏、高都、阳阿属上党郡”，也未把阳阿侯国列入内。这些表述都准确、清楚地说明了当时政区的隶属管辖范围。西汉侯国置废无常，变化很大，特别是经过“削藩”、“剖分”、“推恩令”等项政治措施，诸侯王国数目缩减很多。而阳阿侯国因其封域小，对中央构不成危险，相对比较稳定。阳阿城在西汉先是列侯的封域，后为公主之食邑。

东汉时，阳阿仍为侯国，只是归属发生了变化，不再直属中央管理，改属上党郡所辖。侯爵也不到所封的地方去实际管理，而只享有该封域租税而已。《后汉书·郡国志》上党郡条内有“阳阿侯国”。《泽州府志·方舆志》中也记有：“后汉属并州，郡县属同前汉，惟阳阿、濩泽置国。”

三国曹魏时，仍实行郡国并行制，魏文帝曹丕接受了西汉分封的教训，使诸侯国有名无实，阳阿侯国存在，侯爵虽享有所封食邑，但没有统治管理封地民众的权力。清人在注释曹植的“阳阿奏奇舞，京洛出名讴”诗句时，有“《汉书》说赵飞燕微贱时属阳阿公主家，学歌舞。这个阳阿为侯国，在今山西凤台西北”。

西晋时，承袭汉制，分封制一度盛行。晋武帝司马炎下令分封宗室二十七人为王，以郡为国。后又大封列侯，阳阿仍为侯国，郭翻七世祖就被封为上党太守、阳阿侯。司马炎强化封国的举措，最终导致了“八王之乱”。阳阿侯国从西汉初建到西晋时废，前后延续为五百余年。

阳阿侯国是以阳阿城（今大阳）为中心，加上今周围若干村为范域的，当地民谣中的“三周纂两大阳”为侯国地域范围。即今吾山香山以东，宋家山以西，南社以北，大周卧佛山以南的小盆地，大致为汉阳阿侯国

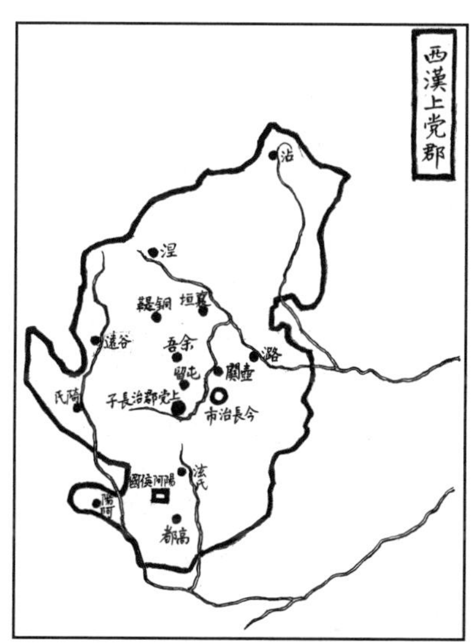

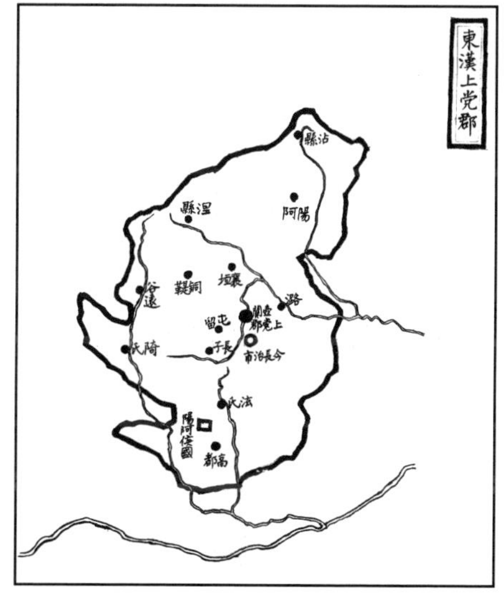

阳阿古城遗址

之范域。风俗是一方文化现象的积淀，是一种文化形态的固化。在同样的自然条件和社会环境中，人们通过耳濡目染，潜移默化，使一些社会规范（包括物质的、行为的、观念的）风行俗成。古谚云：“十里不同风，百里不同俗。”这说明风俗有着明显的地方性的特征，或称其为风俗的地域性。方圆仅十里的阳阿侯国经过数百年的人文化成，形成了一种殊风特俗，形成了文化形态的同质性，如方言、饮食、礼仪等。语言是识别古地理范围的一个有效的方法。大阳一带的方言，发音比较特殊，与普通话及周围地区有明显的区别，今大阳的方言也大致形成于汉代。方言是一个地域的标识与象征，记录着该地域的历史过程，蕴含着该地域的历史信息，是与该地域历史现象的产生与变迁有着密切的关系，尽管该地域后来因行政区划分置割裂为晋城与高平两县，这对方言起了较大的逆向异化作用，再加上时移世易的稀释消磨。但诚如蔡元培先生所言：“语言学的研究，或偏于声音，或偏于语式，或为一区域，一种族，一时期间的考证，或注重于各区域，各种族，各时期相互的关系；因不必皆属于历史，但一涉参互错综的痕迹，就与历史上事实相关。”正是如此，经考查发现这一区域（大阳）的方言范围，竟然与西汉阳阿侯国的封域相重叠，这也说明汉阳阿侯国是以其方言为载体的文化圈。方言是语言的地域变体，古行政区划对方言地理形成之影响是不容忽视的。“同音共律，上合星宿，下共一理”。还有如饮食方面，面食中的“馔面”，大阳周围一带办红白事招待客人的一种食品，是和阳阿侯国相关的，用风俗、方言来辨析古阳阿侯国的地理格局是十分有效和可信的，从而更进一步坐实了汉阳阿侯国这一历史地理文化具象。《辞海》在“阳阿”条有：“西汉为侯国，西燕、北魏为建兴郡治所。”《山西通志》凤台县条记有：“汉高都县兼阳阿侯国地。”《泽州府志》也有：“阳阿，邑北五十里，今大阳镇，汉为阳阿侯国。”

四　阳阿县

汉阳阿县治所的地望是个有争议的问题。历史地理的地名地望，有争议并不奇怪，这主要因历史久远，地名地望变化大，而一些古籍史书又记述含混不清所造成。在历史上，上党地区就有黎国、阏与、曹操征高干所走的羊肠坂及汉阳阿县的地望之争等等。这就需要历史学者，以严肃认真的态度，回到历史的现场，“以历史事实为叙述历史的基础，以历史唯物论为研究历史的指南，以发挥自己的史德、史识、史才为不懈的追求，确立历史真实的本来面貌”。

别的不说，就汉阳阿县来说，首先是《汉书·地理志》有：“上党郡，县十四：长子、屯留、余吾、铜鞮、沾、涅氏、襄垣、壶关、泫氏、高都、潞、陭氏、阳阿、谷远”。很明显阳阿是上党郡的一个县，但县域以及县治所的地望都没有讲清。最早提到阳阿县方位的典籍是成书于三国的《水经》与成书于北魏的《水经注》了。《水经》有沁水“又南过阳阿县东”；《水经·沁水注》有：“其水（今名芦苇河）东经阳陵城南，即阳阿县之故城也。”这二条记载告诉了我们阳阿县以及阳阿县治的方位，但《水经注》把阳阿县与阳阿侯国混为一谈，给历史增添了不少麻烦，造成了混乱。

东汉时，汉光武帝刘秀，对郡国县进行了较大的变动。《后汉书·郡国志》有“世祖中兴，惟官多役烦，乃命并合省郡国十，县邑道侯国四百余所”。“上党郡长子、屯留、铜鞮、沾、涅、襄垣、壶关、泫氏、高都、潞、陭氏、阳阿侯国、谷远”。从这里可以看出上党郡变化也较大，一是郡治由长子城移治壶关城（今长治市郊区故驿村）。二是撤销余吾、阳阿两县；三是阳阿侯国划归上党郡管辖。后来又在涅县地重置阳阿县，治所在轑阳城（今左权县）。《续汉志》云：“上党郡有阳阿县。”《元和郡县图志》记有：

阳阿古城门

“今州（仪州，今左权县）理即汉上党郡之涅氏县地也，后汉于此置阳阿县，属上党郡。晋改为轑阳，属乐平郡。”《山西通志》在辽州条下记有：“后汉于此置阳阿县，属上党郡。晋改为轑阳，属乐平郡。”

十六国西燕时，慕容永于太元中（386），在阳阿城复置阳阿县（故址为今泽州县西北大阳镇），北魏时，先属建兴郡，后归高都郡、建州，北齐省。《水经·沁水注》：“沁水南经阳阿县故城西。”《魏·土地记》：“建兴郡治阳阿县是也。”《北齐·地理志》有：“阳阿县，今高平县南。”《山西通志》在凤台县条有：“晋末，慕容永置建兴郡，治阳阿县。”十六国南北朝阳阿县前后为一百余年。

关于阳阿县治所，从西汉历东汉、十六国，到北魏期间所迁徙移动的情况，在《山西通志》中有清楚的记载：“幸有建置之代确有可考，不得不推阳陵为最先，盖有沁西（沁河之西，阳陵城在沁河西）徙轑阳（今左权县城），又自轑阳徙置沁东（沁河之东，阳阿城在沁河东），卒乃为北魏建兴郡耳”。这就是阳阿县移治的轨迹。

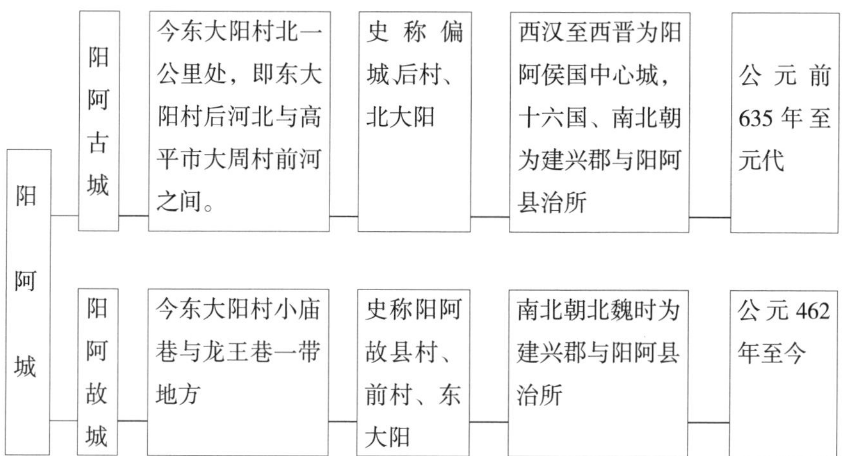

朝代	阳阿侯国地址	阳阿县治所地址
西汉	阳阿城（今泽州县大阳镇）	阳陵城（今阳城县阳陵村）
东汉	阳阿城（今泽州县大阳镇）	轑阳城（今左权县城）
三国·魏	阳阿城（今泽州县大阳镇）	
西晋	阳阿城（今泽州县大阳镇）	
十六国	阳阿城（今泽州县大阳镇）	
南北朝	阳阿城（今泽州县大阳镇）	

五　汉阳阿侯国与阳阿县之异

西汉建立，总结了秦朝迅速灭亡的原因，在行政体制上实行郡国并行制。一是承袭秦的郡县制；二是实行周的分封制，分封诸侯王，以赏功臣。县为郡县制，侯国为分封制，二者有很大的不同：

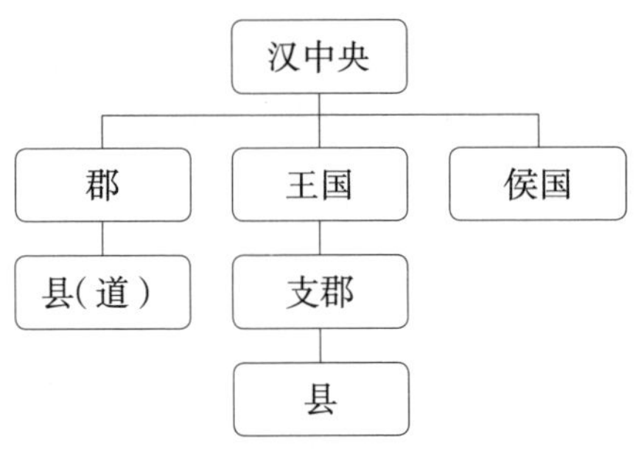

现就汉阳阿侯国与汉阳阿县的不同点叙述如下：一是建置时间不一。阳阿县为汉五年建置，而阳阿侯国为汉七年封域；二是归属不同。阳阿侯国为中央直管，而阳阿县为上党郡所辖；三是所管理的地域大小不一。阳阿县为一县域，所辖地域有户数五千余，而阳阿侯国为一乡一邑之地，仅有五百户；四是治所地望不一。阳阿县，西汉治所为阳陵城（今阳城县阳陵村），东汉时治所为轑阳城（今左权县城）。而阳阿侯国始终囿于一地——今泽州大阳镇；五是县与侯国所设置官吏不同。县有县令掌管一县之政，而对郡守负责。侯国置相一人，除以侯所封户数纳租于侯外，其它直接对中央负责，不臣于侯；六是统计口径不一。《汉书·地理志》有："凡郡国一百三，县邑千三百一十四，道三十二，侯国三百四十一。"很显然，郡国、县邑、道、侯国分得很清楚。其它如赋税徭役等，侯国与郡县给中央政府交纳付出的比例是不一样的，且有很大差别。

还要说的一个问题是在郡与诸侯王国，县与诸侯国的地域划分设置上，汉中央实行了一条"犬牙交错"的原则，这完全出于当时军事和政治的需要。因此，一些诸侯国设置不符合"山川形便"的原则，这也给后人留下了许多费解的问题。不论是分封制的诸侯王国和诸侯国，还是郡县制的郡县，说到底，只是一个行政区划单位。同一时期，既是侯国又是县，既是王国又是郡，这种政区的重叠现象是不会有的，也是中央统治者的大忌。

阳阿侯国与阳阿县是两个不同的地理单元，也是两个不同的行政区划管理单位，是不能混为一谈的。如果分不清两者之间的差别，必然就会纠缠不清，争论不休，张冠李戴，以讹传讹，造成混乱，这是研究历史地理文化应当十分注意的。

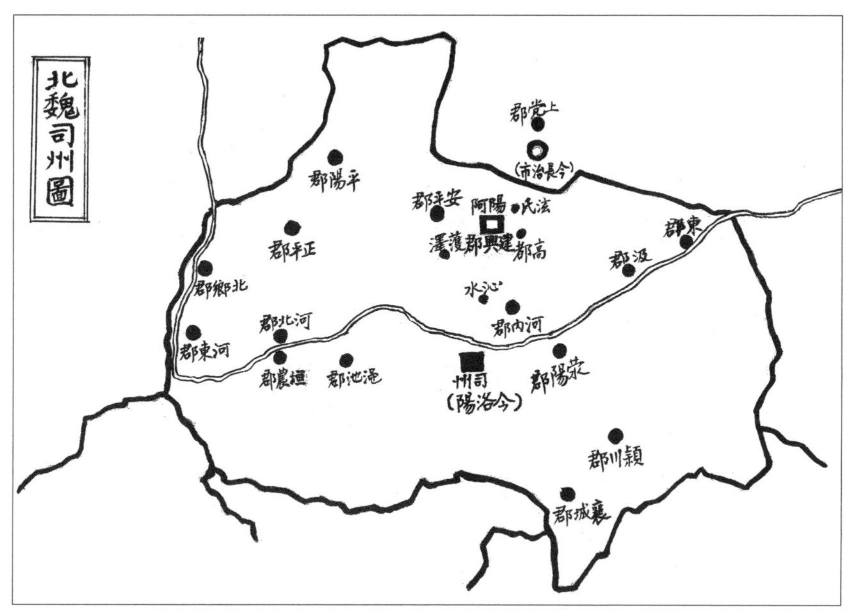

六　建兴郡

西燕慕容永在太元中（约 386）于阳阿城置建兴郡，并复置阳阿县。换句话说建兴郡与阳阿县的治所都为阳阿城。建兴郡领高都、泫氏、阳阿等县。北魏时，裴仲规、裴衍、司马悦、辛祥、慕容升、李述、司马子如、徐謇、司马就、尔朱兆、尔朱仲达等先后为建兴郡太守。北魏太平真君九年（448）省建兴郡，和平五年（464）复置，永安中（529）罢郡治州，改为建州，州治移高都城。《魏土地记》有："建兴郡治阳阿县是也，永安中郡废。"

七　历史沿革综述

综上所述，大阳的历史沿革以名称可分为两段：一是阳阿时期；二是大阳时期。从春秋周襄王十七年（前 635），阳人定居于此，到隋开皇年间（约 586），大约为 1221 年，是阳阿时期；从隋开皇年间（约 586）年改名大阳，到清朝末年（本书下限），约为1325年，是大阳时期。

阳阿时期又大致可分为三段：一是从公元前635年，到公元前200年。这435年，为阳人迁徙于此建阳人聚落，又发展为阳阿城，其间经历了春秋、战国、秦朝三个时代。春秋时周王朝衰微，诸侯崛起，阳阿城归晋。三家分晋后，先属魏，又为韩、赵，后归为秦。在秦赵战争中，阳阿城为军事要塞，即"二鄣四尉"之地。春秋时的阳阿歌乐，风靡四方，流传甚广。有论者说秦置县时为阳阿县，但缺乏资料证实。从现在发现的秦玺印、封泥、简牍、钱币和张家山出土的竹简等资料及一些历史文献，可知秦上党郡置县有屯留、长子、潞、余吾、端氏、陭氏、泫氏、高都、涅、铜鞮、襄垣、壶关、涉共13县，并无阳阿。西汉初年张家山汉简《秩律》上党郡有阿氏县，整理者疑为"陭氏"之误。这也或为"阳阿"之误，但无定论；二是从汉七年（前200），到西晋末年（316）。这516年，经历了西汉、东汉、三国魏、西晋，为阳阿侯国时期。这是一个漫长的时期，也是阳阿（大阳）历史上的一个重要的时期，阳阿歌舞蜚声于世，舞蹈家、皇后赵飞燕成为中国历史上的名人；三是十六国南北朝时，从晋太元中（386年）到北齐天保七年（556）共170年，其间经历西燕、北魏。这是阳阿县时期，这期间建兴郡治所也在阳阿县治所设置。或可称为郡县时期。这时期最大的事情是阳阿县治所由阳阿城（或称阳阿古城），南徙迁于阳阿故城（今址）。

从隋开皇年间（约586），到清朝末年（1911，为本书的下限），共1325年，称之为大阳时期。从隋开皇年间改阳阿为大阳，其间经历了隋、唐、五代、宋、金、元、明、清。大阳为村、里、乡、镇，隶属于丹川、晋城、泽州、凤台等州县。明清时，大阳为"户分五里，人聚万家"的大镇，也是大阳历史上辉煌的时期。大阳是全国制针业中心，其产品供应国内各地，远销海外。经济发达，科甲昌盛，人文化成，仕官迭起。明朝中进士举人人数为山西省村镇之最，就与山西省的各县比也名列前茅，有五分之四（80%）的县进士人数不如大阳一个镇多。这的确是件可圈可点的事情。

历史沿革一览表

现在	古代					
		朝代	名称	归属	地址	备注
大阳镇	阳阿时期	春秋	阳人聚落	先为东周 后为晋	今大阳镇北一公里处	阳阿城
		战国	阳阿城	先后为魏韩、赵、秦	同上	
		秦朝	阳阿城		同上	
		西汉	阳阿侯国	直属汉中央	同上	西汉元帝、成帝时为阳阿公主食邑
		东汉	阳阿侯国	上党郡	同上	
		三国·魏	阳阿侯国	上党郡	同上	
		西晋	阳阿侯国	上党郡	同上	从西汉到西晋阳阿侯国为五百余年
		十六国西燕	阳阿县	建兴郡	同上	郡、县治所同为阳阿城
		南北朝北魏	阳阿县	建兴郡 高都郡	今址	北魏和平年间迁徙于今址。后人称为阳阿故城
		南北朝北齐	阳阿故城	高都县	今址	
	大阳时期	隋朝	大阳	丹川县	今址	隋开皇年间阳阿改为大阳
		唐朝	大阳	晋城县	今址	
		宋朝	大阳	晋城县	今址	
		金朝	大阳	晋城县	今址	
		元朝	大阳	晋城县	今址	
		明朝	大阳	泽州	今址	
		清朝	大阳	凤台县	今址	

第三章

阳阿飞燕千古绝

足蹀阳阿之舞，而手会绿水之趋。

——刘安《淮南子·俶真训》

阳阿奏奇舞，京洛出名讴。

——曹植《箜篌引》

汉朝是我国历史上强盛的封建王朝，汉代的歌舞艺术在我国艺术发展史上也具有划时代的意义。那时的阳阿侯国以歌舞闻名于世，是著名的歌舞之乡，《淮南子》的“足蹀阳阿之舞”，《箜篌引》的“阳阿奏奇舞”都诉说着阳阿歌舞的辉煌。

阳阿歌舞有着其历史之根源和文化之积淀。阳阿是阳人的聚落，阳人的城邑。阳人“有夏、商之嗣典”，这说明阳人这个族群在夏商时代就管理着礼法、典章、祭祀之类礼乐教化的大事。不管是对天地的祭祀，还是对祖宗的追思祭奠，都要举行祭祀礼仪。在这种仪式中，乐舞就是其中一项重要的内容，因此形成了一整套的礼乐制度。夏商时乐、舞、诗为一体，乐舞相生相伴，实为周代制定礼乐之滥觞。乐后被赋予了“礼治”内涵，成为规范人道德、修养的一种方式，知礼则必须习乐。阳阿人传承有序，歌舞氛围浓厚，成为歌舞之乡是顺理成章的事情。

一　“阳阿薤露”与“阳阿采薇”

宋玉在《对楚王问》中有这样一段：

“客有歌于郢中者，其始曰《下里》《巴人》，国中属而和者数千人。其为《阳阿》《薤露》，国中属而和者数百人。其为《阳春》《白雪》，国中属而和者不过数十人。引商刻羽，杂以流徵，国中属而和者，不过数人而已。是其曲弥高，其和弥寡。”

刘向在《新序》中也有这样一段记载：

“客有歌于郢中者。其始曰《下里巴人》，国中属而和者数千人；其为《阳阿采薇》，国中属而和者数百人；其为《阳春白雪》，国中属而和者数十人而已。引商刻角，杂以流徵，国中属而和者，不过数人；是其曲弥高，其和弥寡。”

这两段说的故事大致是相同的，都是讲“阳春白雪”为雅乐，“下里巴人”是俗乐。俗乐“属而和”的人多，很明显愈大众化，流传就愈广泛，而雅乐“属而和”的人少，影响面小。两者的不同处在于，前者把三种类型的歌曲分为六个代表性曲调或曲牌。而后者则把三种类型的歌曲，分为三个曲牌。或可比之以通俗、流行、高雅三种类型，当然这样比不一定准确。别的我们暂且不多论述，只谈谈和阳阿有关的两个曲子。这些曲调曲谱现在无法知晓，好在歌曲的内容还可以找到，这给我们分析疏理提供了条件。

《阳阿薤露》

“薤露”，春秋战国时原本是齐国民间的一首挽歌，其歌辞为：

薤上露，何易晞。
露晞明朝还复滋，人死一去何时归？

这是说薤叶子上的露水易干灭也，比喻人生短暂无常，要极其珍惜爱护。薤露歌是表示对人生之尊重，对死亡之敬畏的歌曲。当时这种曲子流行于诸侯各国，形成了地域不同，风格不同，各有明显差异的地方曲调，而其中《阳阿薤露》最为有名。楚国人听到的这曲调，就是从阳阿流传过去的。上面举的只为一个简单的例子，其歌辞的内容十分丰富。其形式也多种多样，有独唱的，也有一人领唱众人和的。到西汉，官方设立乐府专门机构，搜集民歌，进行采风。《汉书·艺文志》说："自孝武立乐府而采歌谣，于是有赵代之讴，秦楚之风，皆感于哀乐，缘事而发；亦可以观风俗，知薄厚云。"《阳阿薤露》被收集于《乐府诗》中，成为《相和歌》中的一个代表性歌曲。三国时，曹操父子就写过"薤露"、"蒿里"的一类作品，很重视从阳阿歌曲中汲取营养，丰富自己的创作。如曹操的《薤露行》、《蒿里行》；曹植的《薤露行》等。《薤露》、《蒿里》是杂言，被曹操发展为五言古诗。

《阳阿采薇》

"采薇"是《诗经·小雅》中的一首诗，是反映戍卒役夫"守卫中国"，与外族作战的诗歌。《阳阿采薇》可以说是我国最早反映军旅生活的歌曲：

采薇采薇，薇亦作止。曰归曰归，岁亦莫止。
靡室靡家，猃狁之故。不遑启居，猃狁之故。
采薇采薇，薇亦柔止。曰归曰归，心亦忧止。
忧心烈烈，载饥载渴。我戍未定，靡使归聘。
采薇采薇，薇亦刚止。曰归曰归，岁亦阳止。
王事靡盬，不遑启处。忧心孔疚，我行不来。
彼尔维何？维常之华。彼路斯何？君子之车。
戎车既驾，四牡业业。岂敢定居？一月三捷。
驾彼四牡，四牡骙骙。君子所依，小人所腓。
四牡翼翼，象弭鱼服。岂不日戒？猃狁孔棘。
昔我往矣，杨柳依依。今我来思，雨雪霏霏。
行道迟迟，载渴载饥。我心伤悲，莫知我哀！

《阳阿采薇》是首著名的军旅歌曲。从歌词内容看是反映周王朝抗击猃狁，保家卫国的情形。一方面表现了将士出征的豪迈情怀和不畏难险的壮志，同时另一方面也抒发了士卒久戍不归的哀怨。其曲调定会时而壮怀激烈，时而低回哀思，但我们无法听到它的真实音符，既是代表性名曲定会有其过人之处。《采薇》与《出车》、《杕杜》为一组反映古代军旅生活的组歌，阳阿对其均有配曲，其中以《阳阿采薇》为之著。

《乐府诗集》中，列出了历史上一些代表性名曲，有“阳阿、白露、朝日、鱼丽、白水、白雪、江南、阳春、淮南、驾辩、绿水、阳陵、采菱、下里巴人”。阳阿列入其中，阳阿既是地名，也是曲名，是以地方命名的歌曲名称。在历史上，以地名为曲牌名称的不在少数，许多名曲都是这样，如《凉州词》、《阳关曲》、《渭城曲》、《陇头水》、《扶风歌》、《豫章行》、《陇西行》、《饮马长城窟行》等，就是《塞上》、《塞下》、《出塞》、《入塞》、《燕歌行》、《小梁州》、《寿阳曲》等，也是与地名有关的。这些都是以地名为曲牌名称的，后又在流行过程中经过加工、锤炼、升华、蜕变，形成了富有特定意象的曲牌。如《渭城曲》，就成为送别的歌曲，具有咏别的意象。

二　阳阿奇舞

在历史上，阳阿之舞比阳阿之歌还要有名，影响也较广，这在古书中多有记载。如谢庄《月赋》中的“徘徊《房露》，惆怅《阳阿》”；鲍照《舞鹤赋》中的“虽邯郸其敢伦，岂阳阿之能拟”；余怀《板桥杂记·雅游》中的“转车子之喉，按阳阿之舞”等等，都是对阳阿之舞的叙述。当然，最早最著名的还是汉刘安的《淮南子》和三国魏曹植的《箜篌引》对阳阿之舞的记述。他们各举出了当时著名的一支歌和一个舞。歌为《绿水》和京洛之歌，两者各不一样。而舞则异口同声举的都是阳阿之舞，足见阳阿舞在当时的名气之大了。特别是曹植说，宴会上表演的美妙绝伦的舞蹈是从阳阿侯国来的，称之为“阳阿奇舞”，那么，奇在何处呢？他未能讲清。

在汉代的古籍中如《大风歌》、《巴渝舞》、《云翘》、《育命》、《灵星舞》、《七槃舞》等，都有如何舞蹈细节的记载。而对《阳阿》之舞的描写，我们没有找到文献资料。在汉画象石、汉画象砖以及古籍所反映汉代舞蹈的各种舞姿中，只是呈现出汉代舞蹈“飞扬飘举的长袖，轻盈矫健的舞步，埋头如痴的演奏姿态等空间造型”，并没有说明是何种舞式。

阳阿之舞只能从一些相关的资料中寻找其蛛丝马迹。首先是“足蹀阳阿”的“足蹀”；其二是阳阿地处上党，为赵地。赵地有其“女子弹弦跕屣，游媚富贵”，“揄长袂，蹑利屣”的风俗；其三是赵飞燕是阳阿之舞的杰出代表。她的踽步舞，善于用气息控制体姿就是阳阿舞的体现。这些记载都明确集中于一点，就是脚。那么阳阿舞的奇，就奇在脚步和脚动作的丰富多变。足尖点地，气息上升，翼翼然凌空欲飞之势，恰如芭蕾。再陪以舒展的长袖，轻盈的舞裙，特殊的舞鞋，煞是奇特。“回翔竦峙，击不致策，蹈不顿趾，翼尔悠往”，“游心无限，远思长想”，“长袖飞舞，展臂如翼，俊逸潇洒”，“修袖缭绕而满庭，罗袜蹑蹀而容与”。阳阿之舞的曼妙高超，轻盈奇特，绝伦姿态令人惊叹。

两汉魏晋时，阳阿侯国是名声远播的歌舞之乡。艺术氛围浓郁的阳阿，培育出了一批批乐伎歌舞人才走向四方，古籍中对其“名姝异伎”往往冠之以“阳阿”之名，为一种称谓。于是“阳阿”就成为其特别的符号和代名词了，“阳阿”这个著名品牌也有了“美姿色，善歌舞”的特殊意象。从另一方面来说，也是对阳阿歌舞的一种认同。从此，“阳阿”的内涵就更为多维和丰富了。

三　阳阿公主与赵飞燕

阳阿公主，汉元帝刘奭之女，封邑为阳阿，称阳阿公主，爱好歌舞。居宫时召收豢养一批歌舞伎，专门从事歌舞行业，为皇宫贵族服务，这在当时是一种时尚。赵飞燕以其出众的舞技被阳阿公主收留，就成为“阳阿主”的一个歌舞伎人，后脱颖而出，一跃成为皇宫中一员。《汉书·外戚传》中记载：

孝成赵皇后（赵飞燕），本长安宫人。初生时，父母不举，三日不死，乃收养之。及壮，属阳阿主家，学歌舞，号曰飞燕。成帝尝微行出，过阳阿主，作乐。上见飞燕而说之，召入宫，大幸。

赵飞燕原名赵宜主，与妹妹赵合德，是一对双胞胎。后两姐妹长大后成为宫婢，在阳阿公主府做歌舞家伎。汉成帝刘骜一次微服出访阳阿公主的府邸，阳阿公主为他举行宴席，并以歌舞助兴。席间，赵飞燕的绝佳舞姿，再加上她的天生丽姿，深得成帝的喜爱，于是带回宫中。汉成帝十分宠爱赵飞燕把她封为皇后，妹妹赵合德也被封为昭仪。《飞燕外传》说："赵宜主幼聪悟，家有彭祖方脉之书，善行气术，长而纤便轻细，举 止翩然，人谓之飞燕。合德膏滑，出浴不濡，善音辞，轻缓可听。二人皆出世色"。梁元帝有"何言飞燕宠，青台生玉辉"，李白有"借问汉宫谁得似，可怜飞燕倚彩妆"。

赵飞燕本为赵上党人。也有论者认为她就是赵地上党阳阿人，阳阿在战国时为赵国所辖，至今赵氏家族也是大阳镇的望族大户。古诗云"燕赵多佳人，美者颜如玉"；"燕人美兮赵女佳"；"赵女长歌入彩云，燕姬醉舞娇红烛"。

汉时阳阿侯国"善为音，佳丽人之所出也"。其地女子并有"弹弦跕屣"，"当户理清曲"，崇尚歌舞，修习技乐的社会风尚。"及壮，属阳阿主家，学歌舞，号曰飞燕"，这是说赵飞燕成年后的事。而赵飞燕未成年时就爱好歌舞，在阳阿家乡，耳闻目染，受到熏陶，会"鸣琴"、"弹弦"，" 揄长袂，蹑利屣"。她擅长的踽步舞也是阳阿舞步的创新与发展。阳阿是阳阿公主的食邑，又是赵飞燕的故乡，她受家乡歌舞氛围浓厚的感染，又在阳阿公主府邸良好的环境中学习，使她练就了一身绝技。赵飞燕体态娇弱纤细，舞姿以轻盈飘逸为特点。她善于用气息控制身体，传说她可在掌上跳舞，轻柔翩跹，飘然若仙，这虽然有些夸张，但也可见其舞技高超，舞姿绝妙，"赵轻体之纤丽"的描写还是真实的。她独特的踽步舞，飘洒的"留仙裙"，都使其舞蹈艺术发挥到极致，使她成为汉代著名的舞蹈家。《独异志》说："赵飞燕身轻，能为掌上舞。"《赵飞燕别传》说："赵后腰骨尤纤细，善踽步行，若人手捧花枝颤颤然，他人莫可学也。"李白在《阳春歌》中有"飞燕皇后轻身舞，紫宫夫人绝世歌"。唐诗人徐凝在《汉宫曲》中有："水色簾前流玉霜，赵家飞燕侍昭阳，掌中舞罢簫声绝，三十六宫秋夜长。""燕（赵飞燕）瘦环（杨玉环）肥"，成为我国历史上评价美女的两种不同的审美标准和倾向。阳阿歌舞使赵飞燕改变了人生的命运，走向了人生辉煌的巅峰，而赵飞燕也使阳阿歌舞闻名于世，推向了艺术的顶峰。

《汉书·外戚传》共出现了后宫佳丽名字32人，作传为25人，提及受到宠幸的19人。白兆晖先生对皇帝宠幸19人的籍贯作了一番调查考证。其中是上党籍贯的为三人：一位皇后，两位昭仪，即孝成赵皇后（赵飞燕），赵昭仪（赵飞燕的同胞妹妹），孝元冯昭仪。冯昭仪是凭借其显赫的家世与皇帝结亲的。《汉书》说冯昭仪是右将军光禄勋、执金吾冯奉世之女。冯奉世为冯亭后裔，是上党名门望族。这就等于告诉人们冯昭仪的籍贯了。而赵飞燕姐妹，只是凭借“绝好善舞”，“善音辞”进入后宫的。《汉书·外戚传》说赵飞燕“本长安宫人”，这显然不是她的籍贯，是她未进阳阿公主府前所在的地方。赵飞燕姐妹身怀在家乡学得的歌舞绝技，随父亲赵临“出不远千里”来到京城长安“奔富厚”。先在内侍省（长安宫）应差，“游媚富贵，遍诸侯之后宫”，充当宫婢，以“擅舞蹈”、“善为音辞”之长，谋求生路。可以看出，赵飞燕的舞蹈绝技是在未成为“长安宫人”和未进入阳阿公主府前就有的。这是其在上党歌舞氛围浓厚的家乡阳阿练就的。所以，一些赵文化研究者，论证赵飞燕是赵地上党阳阿人是可信的。至于一些别传、外传、后传和演义之类书籍，说赵飞燕是江南某地人是纯属小说家凭空想象的虚构。

那么，赵飞燕的籍贯被模糊化，甚至被避匿，是何原因呢？究其原因有三：一是她“所出微甚”，籍贯被淡化。在重视门阀，讲究门第的封建社会里，赵飞燕早先只是一个舞伎、女乐，社会地位极其卑下，其籍贯往往被回避，只说她依附的地方，“本长安宫人”就是一个例子；二是赵飞燕家族被贬到辽西，因落籍被除，其籍贯淡出。汉成帝去世后，风云突变，赵家姐妹被逼自杀。其父及其兄子继承的成阳侯，其弟赵钦的新成侯，两侯爵被削，贬为庶民，并逐出京城，家族徙往边地辽阳郡，不得回原籍。这也给赵飞燕籍贯增添了复杂因素，其中，阳阿是阳阿公主的封地，采取避讳是一个极为重要的原因。三是“祸水灭汉”的舆论影响深远，其籍贯被隐匿。赵飞燕是中国历史上有名的“色艺双绝”的佳丽美人。文人雅士们常常以其为茶余饭后的话题，并每以她的故事为题咏诗作词，以唐诗为多，一些诗人在赞扬赵飞燕高超舞技的同时，对其身世给以同情。但也有些小说传奇作品牵强附会，添油加醋，并将其妖魔化、淫秽化。更有甚者，刘向、刘歆、杨雄、谷永等人发明了一个女人祸水论，意为“汉为火德”，赵飞燕姐妹是“祸水”，“祸水灭汉”。又经过伶玄在《飞燕外传》中以文学形式的渲染，推波助澜。北宋又有史学大家司马光在《资治通鉴》中引用《飞燕外传》之语，把“祸水灭汉”论的观点推进一步。此后，在长达八百余年的封建社会里，《通鉴》一直占领着舆论与道德的高地，掌握着话语权。这就使得赵飞燕一直处于被批判的地位，形象被扭曲，完全成了被污辱者与被损害者。虽《四库全书总目提要》早已指出了司马光这一错误，但毒害很深，流毒并未消除，受此影响，其籍贯讳而不言，甚至讳莫如深。凡此种种，再加上年代已久，历史远去，赵飞燕的籍贯就成了一个需要考证的问题了。

西汉后宫宠幸女子籍贯表

高祖吕皇后	单父人	
高祖戚姬	定陶人	爱幸
孝惠张皇后	赵·定陶人	
高祖薄姬	吴中人	爱幸
孝文窦皇后	清河人	独幸
慎夫人、尹姬	邯郸人	宠幸
孝景薄皇后	长安人	
孝武陈皇后	堂邑人	擅宠娇贵
孝武卫皇后	平阳人	尊宠
孝武李夫人	中山人	特宠
孝武钩弋夫人	河间人	大有幸
孝昭上官皇后	陇西人	
卫太子史良娣	鲁国人	
史皇孙王夫人	涿郡人	宠幸
孝宣许皇后	昌邑人	许广汉之女

孝宣霍皇后	京师人	霍光之女
孝宣王皇后	沛人	
孝元王皇后	邯郸人	宠幸
孝成许皇后	昌邑人	许广汉孙女
孝成班婕妤	雁门人	俄而大幸
孝成赵皇后	上党人	大幸，有“飞燕”之称
赵昭仪	上党人	绝幸，赵飞燕之妹
孝元傅昭仪	邯郸人	甚有宠
孝哀傅皇后	定陶人	
孝元冯昭仪	上党人	宠幸
孝平王皇后		王莽之女

第四章

九州针都天下扬

大阳的针，供应着这个大国的每一个家庭，并且远销中亚一带。

——〔德国〕李希霍芬《中国》

明清时，是大阳最为辉煌的时期，经济达到鼎盛，范域扩大，市场繁荣，人口猛增。据有关资料记载，东、西大阳人口达五万之多。当时店铺林立、市肆喧阗、车马辐辏、商贾云集，一派欣欣向荣景象。这就是方志上所说的“户分五里、人聚万家”的大阳镇。那时，大阳是全国制针业的中心。

一 悠久的冶炼业

大阳铁矿富集且品位高，冶炼铸造业历史悠久，可以上溯到春秋战国时，据清初学者毕振姬考证，古代著名的“阳阿剑”就产自于此。汉时，鼓风炉的发明制造，大大提高了炼铁的技术。隋代官府在大阳设有铸铁机构进行管理。唐宋时代，用土制坩锅装矿，无烟煤作为燃料和还原剂，比木炭炼铁就有了显著进步，产量大为增加，质量大大提高。而无烟煤尤以大阳一带为最，坩土等冶炼原料大阳也得天独厚，那时，大阳的坩埚炼铁技术在全国领先。经考查发现，当地有大量碎坩埚陶片遗址，自汉代到宋，未能准确划定坩埚生产年代，但不会晚于宋代。坩埚炼铁是当地独有的方法，因含碳量不等，可以炼出含碳高的生铁，也能炼出接近高碳钢成分的钢，这给制针业提供了基础条件。《中国》与《中国近代手工业史资料》书中，皆对坩埚炼铁作了详细的描述：坩埚高“十五英吋（0.38 公尺），上口直径约六英吋（0.15 公尺），用耐火土制的。这些坩埚里都填充铁矿石和煤块。将坩埚码在长八英尺（2.44 公尺）、宽五英尺（1.52 公尺）的地上，三面用泥墙框起来，第四面敞开。坩埚上下及周围均填充煤块。坩埚共码两层。一炉码 150 个。第四面用横放的坩埚垒作墙，然后点火鼓风，等到温度够高的时候，就停止吹风……以下的手续是依要炼出的铁是用于铸造还是锻打而定。如目的是前者，就把坩埚从火中取出，并把里面的流质倾倒在一块平地上。这样就成为一种薄片形白而脆的铁。如果想要锻铁，那就让这一堆在四天之内缓慢冷却，然后击碎坩埚，在坩埚底上就是半球状的铁块。以上两种方法炼出来的铁的价格是十多个铜钱一斤，合三个马克一公担”。明宣德、正统年间，于谦任河南、山西两省巡抚，在往来巡视泽州时看到坩埚炼铁中的煤炭功用，写下了《咏煤炭》诗：

凿开混沌得乌金，藏蓄阳和意独深。
爝火燃回春浩浩，洪炉照破夜沉沉。
鼎彝元赖生成力，铁石犹存死后心。
但愿苍生俱饱暖，不辞辛苦出山林。

打铁花也是大阳镇当地一种具有地方特色的娱乐活动。把熔化了的铁水，用勺子舀起抛出，再用板对着铁水打向夜幕中，形成千点万星铁雨火花，把天空照耀的一片通红，煞是奇观。清代人周京、朱樟等都写有《铁花行》，来描绘打铁花的盛况美景。“洪炉入夜熔并铁，飞焰照山光明灭。忽然倾洞不可收，万壑千岩洒红雪”，“碎熔镔铁盈洪炉，绝技之巧天下无，火树银花幻莫测，凌虚掷地纷骊珠。”足可看出打铁花的灿烂景观。这都是大阳一带“铁文化”的生动写照，也是大阳钢针产生的环境和基础。

到了明清时，大阳的冶炼铸造技术更为精湛，出现了许多铁货名品，在追求利润最大化和产品附加值极度增高的过程中，制针业脱颖而出。制针业是在大阳冶炼、铸造、锻制良好技术的基础上嫁接外地先进工艺而产

大阳冶铁遗址

生发展起来的。辉煌的工艺，灵光的智慧，大阳缝针一枝独秀。

二　兴盛的制针业

一业兴百业旺，一业盛千家富。小小钢针带给大阳的是滚滚而来的财富。经济基础决定上层建筑，大阳现存的庙宇古建，民居住宅，大部分是明清建筑的。富裕的大阳也重视兴办教育，明清时，大阳科甲昌盛，仕官辈出。“大阳出官”，大阳镇出的举人、进士人数，和当时山西省 92 个县相比也是名列前茅。富裕的大阳人，为保住这个“福气”，就借助神灵，在东西两村各建一个颇具规模的针翁神庙来祭祀、祈福。这是一个特别的地方神，在别处是未见的。钢针的制造业，也带动了大阳周围村镇的富裕。和大阳比邻北面的三个周纂、东宅、崛山等一带地方（这是古阳阿侯国的范域），在大阳西面的上、中、下村一带（这是古阳阿县的范域），因自然条件相同和人脉关系密切等原因，自古向为一体。这一带家庭的制针作坊，如雨后春笋，多达数百家。不仅如此，钢针的制造业，还推广至潞安府一带的村庄。今长治市郊区的针漳村，就是因锻制圆孔的大阳钢针而改名的。

大阳钢针的销路，我们从本地庙宇和外地会馆的碑文上，从典籍文献中，能够梳理出一些头绪和脉络。主要是通过太行古道，北上太原，再到大同，张家口、榆林等地，转销西北、东北各地，还乘驼队穿过戈壁大漠到外蒙古的库伦，直至俄蒙边界的恰克图。又可南下怀庆府（今沁阳），

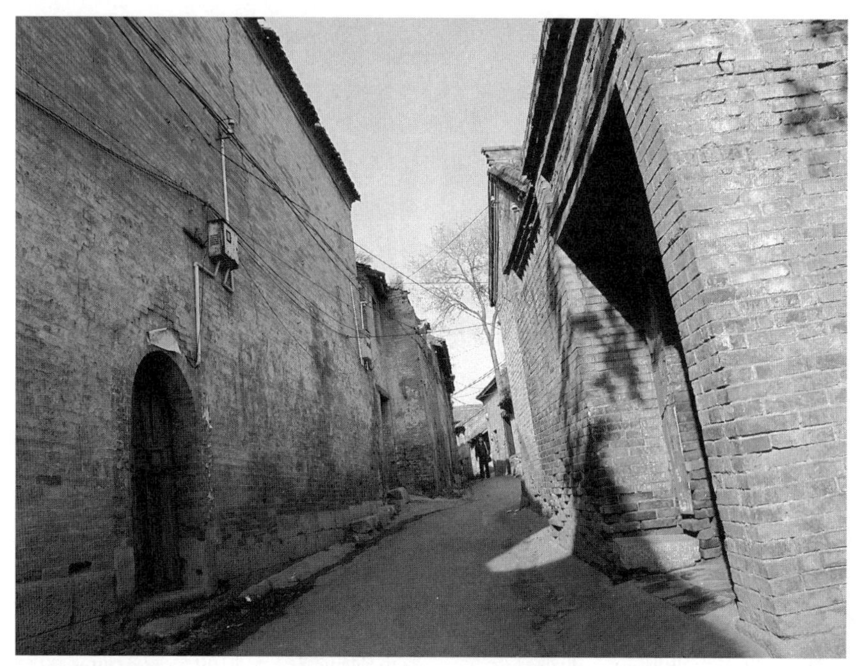
大阳街巷

再分三路转运：第一路是沿卫漳运河到临清、东昌府（今聊城）经大运河，北上北京、天津一带，南下苏杭地区；第二路是沿贾鲁河到周口、再沿淮河到正阳关，行销东南一带；第三路是先由陆路经三鸦路到赊店（今河南社旗），转汉水到武昌府（今武汉市），再沿水路到湖广、江西、福建一带。实际上和晋商运茶、铁的道路大体一致，这是远销的道路。在本地除针行批发和百货店、针店卖针外，还会有一批摆摊卖针的小商贩，在集市上，庙会上，大街上，小巷里，凡是人群扎堆的地方，就有卖针人的身影。他们一手拿一块小木板，一手往板上甩针，口中唱着小曲。就那成排成行，或成花物状的娴熟甩针技艺，已够使人着迷了。更因为他们唱出的小曲调子好听，诙谐，幽默，即兴编词，机动灵活，妙语连珠，趣味横生，令人忍俊不禁。就在人们的欢笑声中，针也轻松地卖出去了。现从裴伯英和吴永生两位先生搜集的《卖针歌》中择两首，供大家欣赏：

小小钢针做得精，卖遍天下四大京，东京卖到汴梁地，西京卖到长安城。南京卖遍应天府，北京卖遍顺天城。东京军师苗光义，西京军师徐茂公。南京军师刘伯温，北京军师喇嘛僧。四大军师合一处，不如蜀汉一孔明。南阳诸葛真神算，能比西岐姜太公。小小钢针光油油，扬州徐州州达州。山西泽州出铁货，好马出在口外头。要喝烧酒到汾州，大尾巴绵羊出潼州。兰州出的好水烟，白铜烟袋出汉口。苏杭二州出绸缎，石家庄里好香油。马蔺铺里好草帽，锦文州的好裹头。石子峪的好甘草，赵永昌钢针光油油；头号针能纳千层底，二号针能缝万件衣。三号四号老常用，针线活儿不可离。五号钢针虽然小，大家小户离不了。左一包，右一包，三娘教子老薛保。姑娘太太绣楼坐，半夜里来想起我。不是想起我的眉眼好，而是想起我的钢针好。能绣龙能绣凤，能绣宋朝一营兵。绣个喜鹊叫喳喳，绣个蝈蝈蹦三蹦。日出东，还转东，劝人行善莫逞凶。世上都说忠良好，哪个奸臣有善终。相国寺里老和尚，养生院里王道人。醒世名言人称道，为人处世要厚道。养由基清河桥上比高低，还有荆轲刺秦王。箭穿石，汉李广，岳飞枪挑小梁王。虽然不比前朝事，这一针下去见高低。坏了坏了真坏了，钢针把铜元扎透了。一女贤孝数孟姜，二郎担山赶太阳。三人哭活紫金树，四马投唐小秦王。五虎齐把西川下，六郎三关把名扬。七星七弟数晁盖，八仙过海神通广。九里山前埋韩信，十面埋伏楚霸王。刘金定，高俊保，力杀四门说到今。天波杨府一池水，玲珑宝塔十三节。塔又高，镜更明，角角上也挂铜铃。天刮东风叮当响，刮了西风差了音。为什么一样货来两样音，天下字同音不同。过家做活不费难，我卖好货与明公。包住点，别住点，走到路上好拿点。赵永昌针店城内开，门面大来金字牌。雁南飞，又北来，走府过州有买卖。

卖针曲

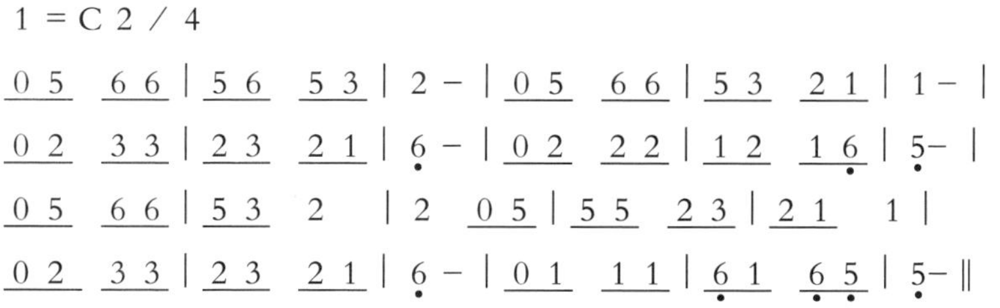

1＝C 2／4

05 66 | 56 53 | 2 － | 05 66 | 53 21 | 1 － |

02 33 | 23 21 | 6 － | 02 22 | 12 16 | 5 － |

05 66 | 53 2 | 2 05 | 55 23 | 21 1 |

02 33 | 23 21 | 6 － | 01 11 | 61 65 | 5 － ‖

今天我们若能把那些曲词都搜集起来，整理出来，真可以向国家申报非物质文化遗产了。大阳制针业所形成的“针文化”，也须我们认真加以挖掘整理和研究。

制针业从明朝正德年间兴起，到清代光绪年间衰落，行销300余年。李希霍芬的《中国》一书中说：“大阳的针，供应着这个大国的每一个家庭，并且运销中亚一带。”这说明在明代，大阳钢针独霸国内市场。到清代，南方广东佛山镇（今佛山市）的制针业也发展起来了，大阳针与佛山针平分国内市场的秋色，正如《衣食住行史话》一书中所说：“钢针在清代前期，依然没有超出土法、手工业生产的范围，以当时山西晋城大阳镇和广东佛山镇的产品最负盛名。在鸦片战争（1840）以前全国各地缝针，绝大部分是由这两处生产供应的”。明清两代大阳经济发展创造了奇迹。但鸦片战争后，外国的“洋针”渐渐入销中国。为了倾销洋货，占领中国市场，清同治九年（1870），德国人李希霍芬到中国后，就到大阳镇调查缝针制造情况。《山西经济资料》就载有“1870年，德国人李希霍芬来到了晋城的大阳等地”的记录。他找到了大阳镇的手工制针与欧洲机器制针业的差距。此后，到大阳考察缝针制造情况的外国专家还有宿元莱、丁格兰、辛常夫等。到清光绪三十四年（1908），外国货（洋针）就彻底霸占了中国的缝针市场，大阳针业市场衰落，直至销声匿迹。然而，针业所形成的“文化”，大阳人那种敢为人先的创业精神，那种“爱拼才会赢”勇闯市场的拼搏行为，都是留给我们的宝贵遗产。它的兴衰过程，也留给了我们太多的思考与启迪。

三　店铺森森商号多

“富室之称雄者，江南则推新安（新安江一带的古徽州），江北则推山右（今山西）”（谢肇淛《五杂俎》）；“平阳（今临汾市）、泽（今晋城市）、潞（今长治市）豪商大贾甲天下，非数十万不称富”（王士性《广绎志》）。这都说明，在明代全国商贸经济最发达的地区，江南数徽州一带地方，江北数山西地区。而在山西，要数今临汾、晋城、长治等市的富商最多，财力最雄厚。“户分五里，人居万家”的大阳是当时泽州乃至山西最繁盛富庶的商贸重镇。商贾云集，货财辐辏，市场空前繁荣。其商品销路远，市场广，形成了大小不等层次多的辐射圈。一是钢针，除供应国内市场外，还远销海外；二是铁货（分生货和熟货），行销河南、河北、山东、内蒙、陕西、甘肃、宁夏、青海、新疆等地；三是粮食。其市场覆盖潞安府的屯留、长子以及泽州的晋城、高平、沁水等县；四是煤炭、日用杂货。大阳是晋城、高平、沁水交界处的商贸集散地。据有关资料讲，熙熙攘攘，络绎不绝，长途贩运货物的且不讲，“仅沁水山里，每天来大阳运送货物的毛驴不下三百头”，“大阳镇的银钱像条河，钱有一小腿深，真可谓日进斗金”。货物流通，靠商人，大阳商人“足迹遍天下”，商号商铺的名声也远播。商号商铺的多少，影响着市场规模的大小。因资料缺乏，现在已难以状述明清大阳商贸的繁盛情况。从京城北京的泽都会馆，洛阳、开封、聊城、临清、赊店、正阳关、亳州、荆紫关等地的山陕会馆、潞泽会馆的碑刻以及大阳当地的碑文中，可缕析出一些大阳商号的名录，从中寻找盛时的蛛丝马迹。“世隆号、永泰号、亨昶号、滋盛号、义顺号、同泰号、义和号、发兴号、永盛号、三义号、三顺号、双顺号、大和号、天成号”，这是乾隆三十年（1765）的商铺字号。道光三十年（1850）则记有“泉生钱店、致余号、荣庆衣店、纯盛染坊、洪泰盛、嵩林银楼、都顺余、聚顺麻铺、永裕公、合顺钱店、中正公、隆兴泰、永茂号、同正兴、福盛公、公盛麻铺、文盛永、新泰荣、乾兴布店、云盛布店、裕顺号、长泰隆、永泰增、义元堂、福顺板店、瑞锦大记、玉丰号、元兴山、宁寿堂、顺兴成、隆和瑞、玉盛公、明德永堂、协力兴、大兴布店、新泰东、公成麻铺、万隆公、永成公、晋胜板店、新顺永、裕泰成、永泰兴、海兴布店、义生麻铺、悦来布店、季盛染坊、雨化堂、东盛公、西福泰、凤翔板店、兴泰公、三益永、全兴布店、大余衣店、福昌远、大成公、荣泰布店、天锡号、大有典”。吴永生、郭天才、都春根等先生的文章中，也记述了清末民国初大阳的商铺商号名称，铁行有吉星山、龙兴山、太盛岐、太盛山、双盛山、协顺兴、聚兴岐、协义岐、兴隆山、德风山、聚星东、魁记等；钱庄有泉生、合顺、郜氏等；当铺有恒昌、新华、源茂、源泰、大有典当等；盐店有晋鸿昌；杂货店有积义升、万顺裕、万聚永、廉义和、文兴魁、白玉堂、福盛昌、宝泰厚、德盛利、万丰恒、悦来等；京货铺有新义恒、晋三珍、永积成、朱德昭等；布店有义泰恒、协顺恒、公义长、金盛永、和发义、刘华等；药店有和熙堂、裕济堂、文化堂、同心堂、永顺堂、俊兴魁、永合堂等；麻绳铺有友翕恭等；油坊有万聚永、太盛东等；茶庄有锦泰昌、顺兴永等；旅店有黄鹤楼、天顺、仁义等；酒坊有协记等；斗行有和义、盛义、成义、吉义等。其它如制皮作坊、醋坊、酱坊、糖坊、香坊、铁匠铺、银匠铺、鞋店、竹货店、车马店、参店、酒馆、饭店等的商铺字号，因时光流逝，岁月无痕，已不能一一尽述。

君泰号、咸义号、福泰恒、玉丰号等商号，是经营钢针等货物发家致富的。他们的生意都做得很大，北京、汉口、江浙以及运河、淮河一带地方都有其分号。

安徽颍州、河南陈州，是大阳商贾聚集的地区。其州、县志有“业商者多晋人”，“商无居奇大贾，城乡阛中惟多晋人”的记载。

大阳镇著名商号（清代至民国时期）

商号名称	经营范围	所设分号地域	代表人物
吉星山	冶铁、铁货、钱庄、绸缎	河南	先为杨氏 后为裴金庆
郜氏钱庄	钱庄、票号、钢针、食盐、百货	北京、内蒙	郜郁、郜一清
咸义亨	钢针、珠宝、绸缎、布匹	山东、河南、江浙	张光明、张光裕
君泰号	冶铁、铁货、食盐、钢针	河北、北京 两湖、山陕	靳炳海、靳炳山
福泰恒	钢针、绸缎	河北、河南	薛经、薛伦
白玉堂	茶叶、烟草、杂货、醋坊油坊	河北、湖北	原森
复兴祥	百货、杂货、竹货	河南	靳锡贵、靳锡义
猛一发	酒坊、醋坊、绸缎、首饰	河南、安徽	靳文祥
锦泰裕	茶叶		都文泰、都文裕
玉丰号	钢针、铁货、百货	北京	李氏家族
协记酒厂	酒坊、醋坊、酱油坊等	河南、山东、安徽	赵重海、赵成甫
同济昌	百货、布匹	河南	赵中道

第五章

村镇架构肌理丰

东西两大阳，南北四寨上，沿河十八庄，三十六座庙，七十二条巷，七市八圪垱，老街五里长，早先还有个北大阳。

——民谣

这首民谣，世代口口相传，真实概括地叙述了大阳古镇的形成过程与发展轨迹，表明了古镇的组团架构形式。民谣是口碑资料的重要内容，最能反映历史的真实，一首民谣往往就是一部地方的历史概括。

一 东、西大阳

东、西两大阳：大阳古镇的主体架构是东西两个大阳组合而成的。而东、西两个大阳又是由“北大阳”演化变迁而来的。前面在“历史沿革”章节中已作了叙述，“北大阳”就是西汉初封的阳阿侯国的阳阿城。十六国、南北朝时，社会动荡，地方郡县废置更迭快，北魏时在复置建兴郡时，阳阿县治所由原来的阳阿古城（南迁后始称“偏城”，隋唐后称“后村”、“北大阳”，以至湮没无闻）南迁现址（历史上称阳阿故城或阳阿县故城、阳阿故县村等）。相传最初迁入地为今东大阳的小庙巷和龙王巷一带地方。其址位于洞沟河、塔河、后河、周纂河四河形成的簸箕形盆地中间，且地形高隆明敞，垒崖森严，东、南、北三面深沟高壁，曲水环流，便于攻守，可谓“孤城突如块，据山瞰流水”，为“通、挂、支、隘、险”五形俱备之地。这在兵戎频仍的当时，是一个极为重要的因素和条件。新辟的阳阿城在街道布局上，采取“丁”字形，即东西一条道，南北二条道为“┬┬”形。在最北街道的交叉节点上，建有神庙（东面龙王巷通往东门阁的道路是明清打通的）。神庙具有屏卫镇守作用，是当地的保护神，给人以安全感。这些都主要出于军事的目的，也寄意于人丁兴旺。南河庵的石造像碑，资圣寺的二级石塔，以及相传南坡头的高公主府，都诉说着那段传承的历史。后来，经过隋、唐、宋、金，各个朝代的递播发展，形成了三个大阳，元代北大阳逐步消失。宋金时期称东大阳为前村，西大阳为西村。金代诗人李俊民在他的诗中有：

故人不寄一枝梅，亲到前村雪里来。
兴未尽时还又去，为君更觅暖寒杯。
——《留别》

衣锦山前往复来，莫教酒兴尽时回。
前村见说无深巷，留向溪堂把一杯。
——《劝行》

朝醒暮醉几时休，鸡黍人家见客留。
闻道曲生行处有，西村明日趁扶头。
——《呈济之》

明代是大阳镇的鼎盛时期，“户分五里，人聚万家”，“房舍毗连，烟火稠密”的大镇格局和组团的架构形式，也定格于这时。制针业的突起，带来了五湖四海滚滚涌入的大量财富，真可谓“生意兴隆达三江，财源茂盛通四海”。经济的大发展，市场的空前繁荣，人口的大量增加，使得以东、西大阳为基础的地域向外扩大，“四寨”、“十八庄”连缀加入，“七十二条巷”、“七市八圪垱”格局形成。“高第迭起，屋舍毗连”，也就有了本章开头的那首民谣。在构建大阳镇的格局上，已经不能在选址上做文章了，只能就其构架形式上注入和诠释古代传统风水理论的意象，于是，“金龟说”就应运而生了。实际上小庙巷的“阳阿故城”就是金龟形，明代把它扩大开来，小金龟变为大金龟，但这绝不是简单的套用和重复。智慧的大阳人，引用古书的“日月合璧，五星如连珠，为之珠联璧合”，“金龟其纹作山川日月星辰状”之意，来组团大阳镇的架构，建设街道市巷。不仅如此，古人在架构的数字上也十分在意，“四寨”、“十八庄”、“三十六座庙”、“七十二条巷”等。这些数字正合了四大金刚、十八罗汉、三十六天罗、七十二地煞。这些金刚、罗汉、天罗、地煞，都有守护和镇固之意，使“金龟”生成的财源和文运不至流失，使人们安祥其居，并守护兴旺，在心理上给人们以慰藉。

二　七十二条巷与七市八圪垱

东、西大阳的主街为东西走向，这是由其龟背式的地形而定的，也就是民谣中的“老街五里长”。依偎主街的南北戟列棋布着条条市巷，当地人称“七十二条巷”。“小楼一夜听春风，深巷明朝卖杏花”。这

大阳老街巷

西大阳

東大阳

東大阳街巷图注

1 三义巷 2.川底巷 3.明都巷 4.贯利巷 5.龙王巷 6.太和巷
7.双关巷 8.贺家巷 9.小庙巷 10.可观巷 11.裴家巷 12.关家巷
13.盐店巷 14.沙石巷 15.孟家巷 16.南讹巷 17.建兴巷 18.钱市巷
19.财神巷 20.菜市巷 21.枣市巷 22.高崖底巷 23.御暴巷 24.河下巷
25.醋房巷 26.都家巷 27.状元府巷 28.后圪洞巷

西大阳街巷图注

1.李家巷 2.段召巷 3.永和巷
4.堂坡巷 5.朱家巷 6.车家巷
7.张家巷 8.庙坡巷 9.庙后巷
10.成家巷 11.奚神巷 12.金家巷
13.西宫巷 14.仁里巷

明清大阳街巷架构示意图

阁门洞上的题字

些市巷纵横交错，协调紧凑，充塞着镇之肌理，形成了镇之格局，镇的规模也是由之而定的。细究起来，巷的名称有其特点和规律：一是以居住家族姓氏命名的，如：贺家巷、裴家巷、关家巷、孟家巷（二条）、郜宅巷、郝家巷、李家巷（二条）、车家巷（二条）、朱家巷（二条）、张家巷、段召巷、成家巷（二条）、金家巷等；二是以庙宇命名的，如：三义巷、太和巷（五条）、小庙巷（四条）、龙王巷、财神巷、双关巷、庙坡巷（二条）、庙后巷、太尉庙巷（二条）、堂坡巷、吴神巷等；三是以地形特点命名的，如：川地巷、高崖底巷、河下巷、后圪洞巷、砂石巷等；四是以行业命名的，如：盐店巷、钱市巷、席市巷、菜市巷、醋坊巷、枣市巷等；五是以阁门名为名的，如：南讹巷（五条）、西宫巷等；其它如状元府巷，则是以清状元张大经居住于此命名的。以上的

古街一窥

巷名都是通俗、明显、浅易的。还有一类巷的名称就比较典雅、深远了。往往饱含着深层的蕴意，预示着美好的意愿。如端方巷的“端方”是说做人要禀气庄重正直，行为端端正正；永和巷的“永和”是邻居和睦相处之意；御暴巷的“御暴”是“禁强御暴”之意，邻里不可以强凌弱，欺压弱势。贯利巷的“贯利”，《周礼·职方氏》有：“乃辨九州之国，使同贯利”；明都巷的“明都”，《史记·夏本纪》有“道荷泽，被明都”；仁里巷的“仁里”，《论语·里仁》有：“里仁为美”，郑玄曰：“里者，民之所居，居于仁者之里，是为美。后泛指风俗淳美的乡里”；可观巷的“可观”，《易·序卦》有：“物大然后可观”。陶渊明诗有“开春理常业，岁功聊可观”。宋代苏轼《超然台记》有“凡物皆有可观。苟有可观，皆有可乐”。这些巷名用古书典故来命名，是有其寓意的，是对做人处邻居提出一些标准，或冀希一些吉利美好的愿景和期望，都是使乡人安居乐业，民风淳朴的警示吉祥之意。

商业重镇的大阳，形成有许多专业性的市场，除前市巷所举之例外，还有木市、花市、米市、人市、茶市等。这也足见明清时大阳市场繁荣、生意兴隆，一片热闹、喧阗之景象，民谣中有“七市八圪垱”之语。因村中地形高低差别，形成有一些小高台地，当地人曰圪垱，计有段家圪垱、金家圪垱、刘家圪垱、枣圪垱、沙圪垱、窦家圪垱、都家圪垱、毕家圪垱等。

三 四大寨堡

东南为清宁寨，当地人称南寨。寨南为三义巷、川地巷，北为贯利巷，修建于明天启年间，由光禄寺丞关天钦出资。现在关家的一支还在此居住。

东北为岳峙寨，当地人称北寨，其北为后河，南为贯利巷，也称寨圪洞，（因在南北两寨之间）。于崇祯六年（1633）由新城县令裴平淮，儒林郎张廷、学官李善征出资修建的。

安庆寨，寨址在西大阳吴神巷阁外，北与金汤寨隔河对峙，为段直后代鸿胪寺署丞段廷黼出资修建而成。

金汤寨是由明霸州知州王国士，于万历庚戌年（1610）修建的。四寨堡以金汤寨规模最大，保存也最好，但也失去了昔日之雄姿和气象。明末

大阳街巷

社会动荡，流民四起，四个寨堡都起到了防卫作用。崇祯年间，几次王自用、马守应“犯大阳”时，四个寨堡的防御功能都是显而易见的。

四　十八庄

十八庄：西庄、东庄、槐树庄、崔家庄、塔河庄、魏家庄、高南庄、刘官庄、南寺庄、东任家庄、西任家庄、柳树庄、霍家庄、关方庄、张家庄、常家庄、王家庄、端公庄。

明清时大阳古镇的架构

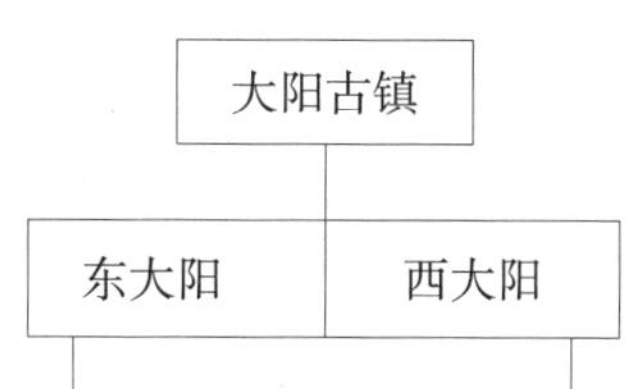

东大阳：

三义巷、川地巷、明都巷、贯利四巷、龙王四巷、太和五巷、双关巷、贺家巷、小庙四巷、可观巷、裴家巷、关家巷、盐店巷、沙石巷、孟家巷、南讹五巷、棉花巷、建兴巷、钱市巷、财神巷、席市巷、菜市巷、米市巷、枣市巷、高崖底巷、御暴巷、端方巷、河下巷、醋坊巷、都家巷、状元府巷、后圪洞巷

清宁寨　岳峙寨

东庄，西庄，槐树庄，崔家庄，塔河庄，魏家庄，高南庄，刘官庄，南寺庄，柳树庄，东、西任家庄。

西大阳：

李家二巷、段召二巷、永和三巷、堂坡巷、车家二巷、朱家二巷、张家巷、庙坡巷、庙后巷、太尉庙二巷、成家二巷、仁里巷、吴神巷、金家巷、西宫巷

金汤寨　安庆寨

霍家庄、关方庄、张家庄、常家庄、王家庄、端公庄。

附：清代邑人王佺写的四大寨堡文如下：

清宁寨

光禄寺关公，富甲于乡，乐善好施，选胜筑堡于乡之巽。城高而坚，墩多而厚，敌楼公廨，无缺而不全之憾。明末狡寇环而攻之数晨夕，公出家资，守堡救人，毫无难色。赖宋孝廉经济夙裕，歼厥巨魁，贼破胆而去。

阳阿有寨曰清宁，修寨之人德最馨。
闻寇西来狡似蜓，散财筑堡不肯停。

金汤寨

高丘不惜舍肥町，峻其垣廓固其扃。
作庙通衢祀寿亭，全城显赫荷威灵。
东南角上耀文星，魁阁梓潼各肃形。
一旦乡人有寇惊，传来沿路无坚城。
登高特向墩头行，绕寨四匝列贼营。
箭似飞蝗炮似轰，猖狂敌势破前阬。
主人识见最聪明，双手能扶大厦倾。
谈笑指挥退敌兵，保全合堡数千丁。
寨人尽振旧家声，终始雍雍乐太平。

岳峙寨

寨缘象得名，阳阿之寨四：金汤屏于西北，安庆藩于西南，清宁翰于东南，而此寨则城于东北。镇有四寨如棋家之势了然。然金城汤池，命名壮矣，民安则庆，得一以清，得一以宁，昔人名寨大约缘此。惟以岳峙名，或者谓高大者莫如岳也，静镇者莫如岳也，奠定社稷者岳，诞降贤哲者岳，而所云峙，不过谓竦立焉耳。是寨也，岂止美其名也乎？尝考其大势而知作者之善因也。筑城而因丘陵其高也，凿池而因川泽其深也。易背坐乎艮因其止，门开乎坤因其生，楼因巽而高，台因乾而峻，巷取乎隘，房取乎卑，路取乎迂回，因居民之繁多也。官亭宛在中矣，因其不偏不倚，公且正也。凡此斟酌咸宜，有备无患，皆非善因不至此，迄今为富之丛，贵之薮，良有以也。善因者谁？创其事而善于因，新城令尹裴乡进士部承其事，而善于因，儒林郎与山阴教谕李也。

君不见元朝段公贤，募兵保土万人安。
当日声名达地阙，恩綸特降九重天。
君不见窦庄夫人城，发粟散财保万丁。
识见超越流俗辈，史氏相传重其名。
惟我两公急修寨，今古英流同一派。
济世安民仁人心，不将晚景诿老迈。
谘诹谋度费乃神，迄今城廓尚未坏。

未雨绸缪最有方，以逸待劳贼自败。
闻说寇至不敢前，父老传言有余快。
寨人感德慕两公，某生晚来不相逢。
常说令尹德行好，又道贡生笔墨工。
文章德业皆可取，岂但修寨立奇功。
李公移来此寨居，叔姪才德具有余。
兴废振新甚有力，寨人乐业咸徐徐。

金汤寨

明季流寇猖獗，镇人罹惨，骸积秦坑，土焦楚炬，覆巢灭卵，莫此为甚。先刺史公避于小河底寨仅免，知患之未靖也，慨然以修砦救人为己任。相土度地，于泉坡之西，高原四十六亩，四山屏列，二水环流，状如金龟探水，因筑垣凿濠，崇其雉堞，状其关阑，五路十字分街，百尺重闉设险。楼起筹边之峻，门封函谷之泥，避难归之如市，保全万人敌莫能扰。其规模之大，经营之精，为后起者所不能及。

高原地脉接吾峰，缔造金汤气象雄。
霭霭云山围迭迭，森森雉堞裹重重。
烟含翠柳表城碧，日照佳槐画阁红。
经纬调成五路达，星棋布出万家丛。
竹苞松茂敌楼峻，鸟革翚飞经阁崇。
曲巷直冲人扰扰，千门万户语哝哝。
谯楼俄伐定更鼓，梵宇遂鸣报晓钟。
昼夜不闻碾碓歇，晨昏常见甘泉湧。
清磬音开汉帝院，篆烟香袅梵王宫。
门开石磴踏蚕路，郭抱双桥落彩虹。
经制一朝成盛业，保全万姓赖奇功。
谁知人事于今变，不见山深向日隆。
废院荒凉多鼠穴，危楼错落尽狐踪。
悲哉我列三槐后，痛矣谁承五马风。
安得此身多际会，再新旧业舒吾衷。

安庆寨

踞村之脊而崛然成堡，势承吾脉，面对笔岑，北视金汤，南临村落，唐国公裔段鸿胪所创也。

公富而好礼，知寨足免难，独输己财修寨活人。四围砖城巩固，前面门楼森严，势居三寨之巅，城领一方之胜，寇至居民赖之。

阳阿何处高，安庆真无赛。
城廓旧烟村，衣冠新气概。
资深沙水源，色秀吾山黛。
万命获安全，千秋留感戴。

第六章

科甲昌达官如林

有官不到大阳夸。

大阳出了三斗三升芝麻官。

——民谣

大阳教化风洽，“文波荡漾，士之以兴也，勃焉盛矣”。上面两首民谣道出了大阳镇文运盛兴，仕官迭出的勃盛之况。大阳出的官有三斗三升芝麻那样多，以至于外地做官的不敢到大阳夸耀。从文献资料可查的，大阳历史上出状元（武）一人，进士 28 人，解元三人，举人 76 人，贡士 19 人；尚书、侍郎、将军、布政使、监察御史、按察使 18 人，府州官吏主职（包括同级的京官）40余人，入仕者多达数百人；国史有传的10余人。北魏将军郭翻，北齐沛郡太守刘业成，后晋刺史段希尧，宋朝谏议大夫段思恭，元朝泽州长官段直，明朝尚书茹太素、裴宇，侍郎孟春、张养蒙、孟兆祥，太仆寺丞王选，监察御史张泽，清朝布政使常恒昌，总兵张大经、协标中军牛青云，守备宋琚等，都是代表性人物。

一　明代山西中进士最多的镇

明代是大阳科举最为兴盛的时代，有进士16人，贡士11人，举人40人。

先说进士：成化年间有张泽（为乡试第一名）；弘治年间有孟春、段豸；正德年间有孟阳、庞浩、裴骞；嘉靖年间有孟雷、孟霦、赵继孟、裴宇、孟颜；万历年间有张养蒙、张光房、裴本立（武）；天启年间有孟兆祥，崇祯年间有孟章明。再说举人（前面十六位进士，都是举人出身）有：茹太素、庞宠、颜伟、庞毅、王选、霍整、王鉴、田辅、宋甫、李用、裴爵、田经、王儒、茹夔、茹言、孟阶、田时雨、裴寀、成宰、茹嘉，孟耀如、王国士（为乡试第一名）、裴平淮、宋英。贡士有：裴瑜、刘鸾飞、田献、裴本一、赵继皋、孟履信、庞爵、庞实、颜淳、郜起凤、张茂恂。

刘影先生在《皇权旁的山西》一书中，对明清晋籍各县中进士人数做了统计，明代山西全省有县为92个，中进士人数为950名。其中只有蒲州、安邑、泽州、阳城、长治、猗氏、离石、高平、临汾、汾阳、沁水、解县、翼城、阳曲、平定、洪洞、曲沃、代县、榆次，这19个县中进士人数多于大阳镇，忻州一县中进士人数与大阳镇相等，而其余72个县中进士人数都不如大阳一个镇多。所以可以说，大阳镇是明代山西中进士人数最多的村镇。

书中还写有："明清两代吕梁山区的永和、大宁、隰县、蒲县从未出过一名进士。另外明代临县、平顺、沁源无进士，石楼、岢岚、赵城、繁峙、河曲、广灵、灵丘、偏关出一名进士，浮山、汾西、乡宁、荣河、平遥、徐沟、兴县、静乐、黎城、保德、怀仁出两名进士；清代石楼、岢岚两县无进士，岚县、和顺、屯留、平顺、广灵、偏关只出一名，山阴、灵邱、汾西出两名。"由此可以看出，大阳镇的确文风兴、科甲盛、人才多，是俊逸辈出的文化之乡。

二　落钓连引，一门七进士的孟家

大阳孟氏家族，在明代出了七名进士、九名举人，有"一门七进士"之誉。就山西省来说，孟氏一家中进士人数高于太原、太谷、徐沟、清源、岚县、兴县、平遥、临县、陵川、浮山、汾西、乡宁、吉县、虞乡、万泉、荣河、霍州、赵城、灵石、夏县、平陆、芮城、绛县、五台、繁峙、崞县、静乐、保德、河曲、怀仁、浑源、山阴、广灵、灵石、朔州、偏关、寿阳、和顺、榆社、沁县、沁源、长子、潞城、平顺、黎城、石楼、苛岚等47县。这确实是件值得称赞的事。其中孟春和孟阳、孟兆祥和孟章明两对父子进士；孟霦、孟雷两兄弟，同于嘉靖四年为举人，嘉靖八年又同榜中进士，传为佳话。孟颜于嘉靖十六年（1532）为进士，官至工部主事，四川参议。

三　世代簪缨，八朝为官的段家

西大阳的段氏家族，从唐朝至清朝，代代出官，朝朝为吏，可谓“世代簪缨，八朝为官”的望族大户。唐朝进士段约为定州司户参军，段昶为神山令；后晋段希尧为棣州刺史兼权盐矾制置使，后汉时段思恭任左补阙等官，后周时官至左司员外郎，宋朝官又至右谏议大夫，宋时段惟一为太常博士、三司度判官，段惟几为兵部员外郎；元朝段直为泽州长官，段绍隆为武略将军、知州，段绍光宿卫王府；明朝段林为临洮知府，段豸为兵部给事中赠太仆寺卿，段廷黼为鸿胪寺署丞；清代段绪笏为康熙三十二年举人。

四　知十州重任的段思恭

《宋史》对段思恭的评价是：“思恭以门资历显官，不知书，无学术，然践更吏事，所至亦著勤绩。”这个评价既抓住了特点，又是公允的。段思恭为后周之臣，随赵匡胤入宋后，凭着赵匡胤对他的信任，委以重任，每每把关键要害的事情交给他去办理。陈桥驿兵变后，北宋初立，京城开封人心不稳定，社会不安定，在这关键之时，段思恭出任开封令，负责处理京城地方事务，官虽不大但系中央肯綮。宋朝初期，地方割据势力林立，赵匡胤制定了“先南后北”的平定策略。在平定后蜀、后唐、南汉的过程中，段思恭都担任了关键性的重要任务。“乾德，平蜀，通判眉州”。眉州“迫近江浒，密迩成都”，“眉州举而成都在掌中央矣”，这都说明眉州对于成都的重要性。平蜀，北宋进兵的目的地是攻克成都，而赵匡胤把段思恭放在眉州的用意就十分明显了。在宋王室征服南唐时，段思恭“知泗州”，“州北接中原，南通关会，所谓梁、宋、吴、楚之冲，齐、鲁、汴、洛之道也”。又“知宿州”，“西翼梁、宋、北控邳、徐，南襟濠、寿，东限淮泗，舟车要会，战守所资也”。泗州、宿州都是进军南唐京城金陵要道上的必争之地。而最为要者是“知扬州”，扬州“根柢淮左，遮蔽金陵，自晋为东南都会”，且此处“一以统淮，一以蔽江，一以守运河，皆不可无备”。足见扬州军事地理位置的重要。守住扬州，占领金陵就指日可待。朝廷经略江表的如此重担，让段思恭来挑，说明赵匡胤对他的信任与器重。不仅如此，赵匡胤还把封疆大任委以段思恭。灵州，地处西北边境，是汉人与党项人交会的地方，为“南北之喉舌”，“中外必争之地”，“灵州失，则宁夏隔为外境而环固危，环固危则陕危”。北宋初年，原北周朔方节度使、灵州大都督府长史冯继业“以驼马、宝器为献”，举宗归宋，这就需要有大臣接替，这时，赵匡胤又想到了段思恭，让其担任这个防守任务极重的灵州知州。在即将上任时，君臣有段精彩的谈话，史书是这样记载的：帝以思恭代知州事，乃语之曰：“冯继业言灵州非卫、霍名将镇抚之不可，汝其往哉！”思恭曰：“臣奉诏而往，必能治之”。从这段对话中，可以看出君臣相互都很信任。除此之外，段思恭还知秦州、知邢州、知寿州、知陕州等地方，也都是“良为形势”的一方之重镇。段思恭的一生做地方官时间长，为京官时间短，这是朝廷根据他的特点而任用的，也可见赵匡胤对他的了解，且知人善任。段思恭勇于任事，善于办事，从不教条，灵活处理问题的特点是十分明显。在保卫眉州的紧急关头，为鼓励军士的勇气，他“矫诏以上供钱帛给之”，挽救了危局。在治理灵州时，“绥抚夷落，访求民病，悉条奏免之”，“矫继业之失”。他还根据边境的特殊性，灵活采取了一些权宜之策。

五　茹尚书　裴尚书

在明代，大阳镇官员中职位最高的要数西大阳的茹太素和东大阳的裴宇。茹太素在洪武年间官至户部尚书，人称茹尚书；裴宇在嘉靖、隆庆、万历年间，官至礼、工两部尚书，人称裴尚书。

茹太素是明代大阳镇，乃至泽州最早的高官。《明史》对他的评价是“以平允称”，“抗直不屈”等。“以平允称”是说他高超的办事能力，

“抗直不屈”则是他高尚的政治道德品质，总之，他是位极富责任心、原则性，正直、爱国的忠臣。然而，就是这样一位铁骨铮铮，忠心耿耿的中正诤臣，却命运多舛，仕途坎坷，跌宕起伏，蒙受冤屈，形象被抹黑，流毒难肃清。茹太素为刑部主事时，专制的皇帝朱元璋给他制造了一桩冤案。《明史》是这样记载的：茹太素“明年（1375），坐累降刑部主事，陈时务累万言，太祖令中书郎王敏诵而听之。中言：‘才能之士，数年来幸存者百无一二，今所任率迂儒俗吏。’言多忤触。帝怒，召太素面诘，杖于朝。次夕，复于宫中令人诵之，得其可行者四事。慨然曰：‘为君难，为臣不易。朕所以求直言，欲其切于情事。文词太多，便至荧听。太素所陈，五百余言可尽耳。’因令中书定奏对式，俾陈得失者无繁文。摘太素疏中可行者下所司，帝自序其首，颁示中外。”

从这段史料看，可分三层来分析这一冤案制造的始末：第一层“帝怒，召太素面诘，杖于朝”；第二层是“文词太多”；“五百余言可尽耳”；第三层是“因令中书定奏对式”，“帝自序其首，颁示中外。”朱元璋发怒是因为茹太素的奏疏捅到了皇帝的要害和底线，揭开了伤疤，且言词过于激烈，一点面子也不给，这还了得，必须严厉制裁，于是当众“面诘”，还不解恨，又“杖于朝”。过后，朱元璋觉得，茹太素言词切中了时弊，众目睽睽，须找个罪名，真实意图又不能说出口，只能说他“文词太多”。这个罪名正合适，也不好辩白，谁敢说自己的文章写得最好。这的确是“欲加之罪，何患无辞”。在朝廷上，朱元璋发怒时，就指着茹的奏疏问过宋濂。宋濂对曰：“彼尽忠于陛下耳。”宋濂是修《元史》的总裁官，明初的大学问家，写文章是大家。他就不认为茹太素的奏疏是空洞无物的文章，只觉得是尽忠尽责之言。而朱元璋说“文词太多”，“五百余言尽耳”，完全是强加之罪，自找下台阶的托词。至此，朱元璋还不罢休，又制造了连锁反应，晕润效应。为写文章规定了死格式，即“八股”，这就大大地束缚了人们的思想，害人害文，流毒甚广。顾炎武就说：“八股之害，甚于焚书。”朱元璋给茹太素制造的冤案，使茹蒙受冤屈，背上了黑锅。从明代到现在，不断有正直大臣，志士仁人，站出来为其洗刷冤屈。但直至今日，一谈到空话套话的文章时，人们往往就拿茹太素来说事，这实在是太冤枉了。我们一定要实事求是，把颠倒的历史颠倒过来，正本清源，为正直忠鲠的茹太素洗刷不白之冤，平反昭雪，恢复名誉。

茹太素抗直不屈的性格，一直使朱元璋耿耿于怀。一次在宴会上，朱元璋和他碰杯时，很不客气地说："金杯同汝饮，白刃不相饶。"露出了杀机。茹太素谢恩后，毫无畏惧，态度从容地对答："丹诚图报国，不避圣心焦。"这是何等的气概，他忠君爱国，不避斧钺风骨跃然而出。

裴宇，嘉靖二十年（1541），会试，由礼部尚书、学士温仁和、侍读学士张衮，为考试官，取中林时声、裴宇等。廷试赐沈坤、潘晟、邢一凤及第。改进士高仪、裴宇等二十八人为庶吉士。是科赐进士及第出身者二百九十八人。同榜的泽州进士还有杨漠（泽州）、李豸（阳城）、王学柳（泽州）。裴宇后历翰林、侍读学士、经筵官、国子监祭酒、太常侍卿、洗马、礼部右侍郎、礼部尚书转工部尚书等。赠嘉议大夫、光禄大夫等。裴宇是明代东大阳最高的官。

裴宇博学多智，办事干练、沉毅。嘉靖三十九年（1560），南京振武营军变。振武营军是兵部尚书张鏊召募以防御倭寇的一支军队，骄悍任勇。由于有司减折其给饷，且又逾期不能发放，引起了兵变。军卒鼓噪官署并杀总督粮储侍郎黄懋官。在紧急关头，先是兵部侍郎李遂许复其给饷。裴宇又"摄本兵，呼首谋者话以祸福，立折其邪心"，并"分其众使隶神策三大营，俾不得合势，旬日而定"。裴宇晓以利害，分散瓦解，只惩办首谋，协从不问的平乱办法十分奏效。宇以功议擢是在情理中的事。嘉靖四十年（1561）裴宇与侍读胡正主顺天试。侍读吴情与胡杰主应天试。应天府试因发生弊端两人分别受到究治，而裴宇主考顺天试有条不紊，进行顺利，有司称其能。裴宇在工部尚书任上，奉旨清理洲田等问题。江河湖海新涨出来的洲田、沙田、湖田、围田、芦地和天灾人祸造成的抛荒土地，常被当地豪强地主抢夺霸占，长期以来，这些土地成为官府和豪强地主，或豪强地主与豪强地主互相争夺的对象。豪强们利用"永不起科"的政策，钻空子，不缴赋税，甚至还把大片成熟的土地也作为抛荒土地不纳税。这在当时是一个关乎社会稳定和公平的大问题。裴宇处理这个难题，在史书只记有一句话"豪右贴服"。看来他用自己的聪明智慧，细腻的工作，做到了双赢，政府和土地所有者都满意。这也给张居正"一条鞭法"的改革，提供了依据。裴宇还热爱家乡，热心桑梓的公益事业，在他的提议和关心

裴　宇

下，建起了天柱塔。裴宇关心教育，提携后学，张养蒙“以师事之”。后，张养蒙成为朝廷的謇谔重臣与他的教诲不无关系。

裴宇经历了嘉靖、隆庆、万历三朝。他进入仕途时，正是嘉靖礼议之争余音未绝之时。这是一场震惊朝野的皇权与阁权的斗争，政局波谲云诡，没有历史资料说明裴宇站哪一边。但在严嵩专权时，裴宇却始终站在了严的对立面。严嵩凭借写“青词”，刻意逢迎，飞黄腾达。于是，嘉靖一朝，阁臣的标准不看治国理政之能，而视“青词”写得好坏。裴宇也是饱学之士，写得一手好文章，且又管理文化教育、典章制度多年，写“青词”对他来说是驾轻就熟之举。只要能写出“青词”、“绿章”，讨好皇上，就可平步青云。但裴宇不趋炎附势，不与严嵩辈同流合污，而其洁身自好，淡泊自如，恬退自安，一派廉介儒雅风度。

六　与权宦斗争的大阳官员

宦官专权是明代政治的一大特点。这一痼疾与毒瘤一直影响着明代的政治，也是促使明代社会衰亡的一大因素。开国皇帝朱元璋对宦官有规定：“不得兼外臣文武衔，不得衔外臣冠服，官无过四品，月米一石，衣食于内庭。”并镌铁牌置于宫门口曰：“内臣不得干预政事，预者斩。”

还规定有“诸司不行与文移往来”等严厉的措施。但在明成祖朱棣发动“靖难”夺权时，宦官为其通风报信，泄漏朝廷虚实，即位后多有委任，违背了祖训，开启了宦官专权的恶例。“数传之后，势成积重”，使阉患愈演愈烈。明朝宦官专权的年代，在朝的大阳官员，几乎全都站在了权宦的对立面，并与之作不懈的斗争，显示了正直正气的政治思想品质。

孟春，入仕为弘治、正德时期，朝臣与内宦之争激烈，刘瑾专权，“八虎”跋扈，权宦气焰嚣张。正直的孟春刚正不阿，旗帜鲜明地与宦官佞臣误国祸民的行径作斗争。在任太仆寺卿时，常遇刘谨阉党勒贿，他坚决阻止。正德九年（1514），在任边镇宣府巡抚时，大宦官张永巡宣府、大同、延绥三镇边防，“群僚匍伏”，而“春长揖而已”。在任顺天巡抚时，阉宦明目张胆地开口就索“粮价数万缗”，孟春“坚持不与”。他的落职罢归也是宦官所陷。

王国士，他在霸州知州任上，除暴安良，扶正祛邪，使霸州面貌为之振新，风气为之更变，而这些举措触动了宦官的利益。霸州是宦官张忠的老家，又是魏忠贤党羽爪牙搜刮民财的地方。阉党横行乡里，劣迹斑斑，并唆使党羽罗织罪名，弹劾陷害，使王国士落职返乡。

孟兆祥，因上书弹劾魏忠贤专权祸国被罢官免职。

孟阳，因参与上疏谏正德皇帝巡幸事被杖死。正德十四年（1519），宦官佞臣策划怂恿皇帝巡幸。以南巡为由出游，纵情玩乐，沿途骚扰百姓。群臣见皇帝又要胡闹，联名100多人上奏劝谏，“直斥权奸误国，误导皇帝出行之虞”。受刘瑾一帮宦官蛊惑，正德皇帝恼羞成怒，下令一一按名逮捕，或杖死，或罢官，或降职，或罚长跪，制造了一起冤案。被杖死的十一人为：陆震、余廷瓒、何遵、林公黼、孟阳、李绍贤、詹轼、刘概、李惠、刘校、刘珏。此事引起朝野震撼，舆论汹汹，吕之简给孟阳墓铭有：“爱身何薄，爱国何厚。于生无羞，于死无负”。同乡人裴骞纪念孟阳写有《旌忠词哭忠臣孟子乾》：

五月初旬四日晚，天昏地暗愁云惨。
忽报先生有讣来，不觉泪堕襟袖满。
缟衣走吊魂欲惊，举家哽咽痛无声。

将信将疑空叹息，犹冀先生万一生。
平生读书见理彻，遇事矢发还川决。
居常仁义相与言，他时事业期轰烈。
君门赐第榜传香，前后中丞倍有光。
大行迩者西秦去，使节增重眉掀扬。
圣明天子遭荧惑，万乘边陲轻逐逐。
风尘海内苦骚然，心之忧矣比行国。
封章直上指时艰，取彼奸人欲食肝。
劘牙批鳞宁避就，危言极论系危安。
五日俯伏楼午凤，承明传出狼牙棍。
先生忠奋激心胸，肌肤欲裂不知痛。
荼毒复肆者何人？矫诏犹为致阙庭。
先生濒死终不屈，古来谁敢忤权臣。
请看阶墀立杖马，一鸣恐遭斥且挞。
希宠固位尔复然，欲拟先生何能者。
高枝亦有噤寒蝉，依依恋死晓霜天。
先生德学知何事，闲去争研取世怜。
独扛一木支大厦，风雷磅礴共笑骂。
一朝了却数年心，喜与龙逄归地下。
旅榇凄惨下中流，芳魂万里空悠悠。
长眠此去那能晓，旷野闲云相对愁。
富贵争如击石火，功名休自任为我。
但能忠孝处死生，朽骨终当同岷峨。
我生苦不侍枫宸，我志于邑恨未伸。
长歌藉取先生发，留我野史劝忠臣。

《明史》说孟春："闻子死谏，哭之以诗，语甚悲壮，人争传之。"孟春纪念孟阳的诗，当时"人争传之"，定会是情深意切，悲痛万分。孟春孟阳父子，忠君爱国，坚决与祸国殃民的权宦作斗争，一个落职罢归，一个死谏于杖下，可谓满门忠烈，名垂青史。

七　为国捐躯的大阳官员

“文臣不爱钱，武将不惜死”是古时对文武百官的一个要求。在战场、在疆场、在危难关头，恪尽职守、为国捐躯，肯定是一种高境界。明清时大阳官员，如明朝的孟兆祥父子，张光奎弟兄，段豸、刘自安等；清朝的张大经等，尽忠尽职、战死“疆场”。他们的精神和事迹，彪炳青史，为人们所景仰。

段豸，正德六年（1511）谪枣强令时，遇战乱，段豸率众抵抗。枣强地处平原，无险以固，又因寡不敌众，城陷，豸身中四矢一枪，仍瞋目大呼“杀贼”而死。

张光奎，崇祯五年（1632），王自用、马守应、罗汝才犯泽州，大兵压大阳镇。此时，张光奎正在家乡，即与其兄守备张光壐、千总刘自安，共同组织民众保卫家乡，坚持八日，援兵不至，城破，战死。

孟兆祥，祖籍大阳，侨居交河。甲申（1644）事变，孟兆祥守正阳门，城陷，他说：“社稷已覆，吾将安之！”遂自尽于正阳门。其长子孟章明，把其父尸体殓毕，也死于父之侧。兆祥之妻吕氏，孟章明之妻王氏也都自缢而死。清朝文学家朱彝尊评论说：“孟公（兆祥）峻节自树，取忤中珰，卒殉节于正阳门。子章明显之以进士观政吏部，视公殓毕，亦自尽。时论翕然，以为三百年特见之事”。

张大经，任陕西兴汉镇总兵。金川动乱，调赴金川前线。《清史稿·四川土司传》：“川之南有金川者，本明金川寺演化禅师哈伊拉木之后，分为大、小金川。”金川在今四川省阿坝藏族羌族自治州的金川县与小金县。即大渡河上游的大金川河和小金川河一带地区。小金川卜儿吉细于顺治七年归附，大金川土舍莎罗奔于康熙六十一年归诚，雍正年间授安抚司。《金川琐记》：“初，两金川有夙怨，不甚联络，划控卡山梁为界。后金川日强，遂起控卡，占据小金川之大牛厂，小金川畏之退保小牛厂。”乾隆年间金川发生战乱，张大经奉旨平息动乱。清朝平叛大军有三支，主帅温福领中路军。张大经率师出中路军，为之主力。初张大经进军顺利，所向皆捷，守牛厂、木儿寨诸要隘，进兵攻明郭宗有功。乾隆三十七年（1772），

张大经

“进攻明郭宗（今四川小金县东老营乡），突入寨门，直捣美诺”，占据了通往大小金川的要隘。乾隆帝传谕交部议，从优叙功，官加三等。乾隆三十八年（1773）驰援木果木军营，因山高谷深，地形复杂，在崇德站（今四川省小金川县城北崇德乡）遭遇熟悉地形之敌的夹击包抄，军士奋战一昼夜，筋疲力尽未能冲出重围。张大经身受重创，对天长叹曰：“吾大经，不可为贼人污！”投水而死。乾隆帝传谕旨：“总兵张大经效命行间，亦殊可悯，著照高天喜之例，酌减议叙。”命祀昭忠祠，寻议，照阵亡旗员二品大臣例，恩荫骑都尉。他为乾隆皇帝表彰的100位死难功臣之一，并绘图形悬挂于北京皇城西苑紫光阁。将星陨落，山川含悲。张大经这位正在冉冉升起的栋梁之材，英年早逝，令人痛惜。他为国尽忠，马革裹尸，战死沙场的英勇精神，值得赞扬。

八　建言献策的大阳官员

在古代，大臣们向朝廷（皇帝）写的奏章，称上疏，或上书。这是臣子们的基本功，是一种担当，是一种责任，上奏章是需要有见识、有胆量、有文化素养，也是有风险的。大阳籍官员，如茹太素上书言事“受杖于朝”，还背上了洗不清的黑锅；孟春上书被削职归乡；孟兆祥上书被罢官免职；

张养蒙

孟阳上书死于杖下，算是最惨的。在明清上书建言献策最著者为明朝张养蒙，清朝常恒昌。

张养蒙，史书说他“居言职，慷慨好建白”。的确，他的奏章是多方面的，小到同僚们的冤屈不公，大到国计民生，他都有“建白”。兵部尚书王遴、御史高维崧的不公正待遇，锦衣都指挥营佥书罗秀的行贿钻营，山西潞绸、铁货的贡赋，关系到平民百姓的生计等，他都有上疏。而最有名的是他的“治奸民、恤流民、爱富民”三事疏、“报河工”疏、“三轻二重”疏、“两宫三殿”疏等。“两宫三殿”疏矛头直指万历皇帝。他说：“罪己不如正己，格事不如格心”。并指出皇帝的四大弊病：“一曰好逸。朝享倦于躬临，章奏倦于省览。古帝王乾健不息，似不如此。一曰好疑。疑及近侍，则左右莫必其生；疑及外庭，则僚采不安于位。究且谋以疑败，奸以疑容。古帝王至诚驭物，似不如此。一曰好胜。奋厉威严以震群工，喜谄谀而恶鲠直，厌封驳而乐顺从。古帝王予违汝弼，似不如此。一曰好货。以聚敛为奉公，以投献为尽节。古帝王四海为家，似不如此。愿陛下戒此四者，亟图更张，庶天意可回，国祚可保。”万历皇帝朱翊钧在位 48 年，有 30 年不上朝听政，被认为是中国历代帝王最懒惰的皇帝，有史学家称其在位的后期为“醉梦之期”，认为“明之亡，实亡于神宗”。史学家黄仁宇在《中国大历史》“朝代的殒落”的文中写道：“这些隐性因素必须与明朝覆亡

常恒昌

的显著因素相提并论，例如万历的懒惰与奢侈”。张养蒙一针见血地击中了万历皇帝的要害，并且直面大胆，表现了他大丈夫真君子的大无畏气概，这是由于他爱民之深，爱国之诚，爱君之忠的高尚品质所至。史书赞扬他“挺謇谔之节，荐历卿贰，不陨厥问”。

常恒昌和祁隽藻为同榜进士。他“累居言职，多所指陈”。嘉庆时期是清朝由盛转衰的时期，自嘉庆以来，国势陵夷，已是“日之将夕，悲风骤至”的“衰世”，如同行将凋零的花朵。常恒昌针对时政阙失提出许多补救时弊的主张，如对州县递解赔累、消弭命案之弊，听讼黩货枉法之弊，直省借易仓谷、扰累滋弊等，上疏建白，“皆切中时弊”，“均奉旨通饬施行”，大臣们纷纷效仿，他威望大振。常恒昌大有“性锋锐，见事生机，既居谏垣，不欲碌碌自滞，事无不言”之状，“一时想望丰采”。常恒昌处理云南边疆汉、回械斗事件，使“边境肃然”；处理福建、浙江海疆不靖的被兵问题，“饷军练勇”，“以筹防堵”，“综核得宜”，对入侵者坚决反击；处理难民问题，“为捐亲恤之，”“人心以定”等，都显示了常恒昌“克宁内难，绥靖邦城”之才。他力主抗击侵略者，保卫海疆的爱国精神和坚定决心，是值得称颂的。

九　孝道多典范　侨居有义举

在古代，忠孝是做人的标准。尽忠尽孝，忠孝两全也是对官吏的要求，大阳的裴椿和裴爵父子就是孝道的典范。

裴椿，年幼父殁，事母孝。母亲去世后，他在墓地搭屋居住以守护为尽孝。更为奇异的事是，他的母亲喜爱吃茄子，其将茄子种于墓旁，茄子连理，还有鸟雀鹤翔于墓周围。弘治皇帝下诏表旌他的孝道。其子裴爵，弘治十一年（1498）中举人，为丰县令。椿去世，裴爵弃官奔丧，“立祠隧道，晨夕哭奠”。又为临漳县令，他迎养嫠母、置祭田、建社学、修家规等项孝道善举，都是乡里人赞扬学习的榜样。裴爵言传身教，他的儿子裴宇为尚书、裴宷为南阳府同知、孙子裴本立为将军，都与他教育有方，以身为范有关。其他如宋甫、李用、张廷玉也都是孝友的典范。

元末明初，战争频仍。山东、河北、河南、安徽、苏北一带，土地荒芜，人口稀少，明初，实行移民，把山西民众迁往稀少地区。民间流传民谣：“要问老家在何处？山西洪洞老槐树。”上谕户部侍郎杨靖曰：“山东地广，民不必迁，山西民众，宜如其言。于是迁山西泽、潞二州民之无田者，往彰德、真定、临清、归德、太康诸处闲旷之地，令自便置屯耕种，免其赋役三年，仍户给钞二十锭，以备农具”。孟兆祥、成宰等，可能就是这次移民迁居河北、山东的，而茹太素移居云南则是因被贬而举家迁往云南的。茹太素的后代茹夔、茹言、茹嘉在嘉靖年间成为举人，都是在云南的事。孟兆祥和其子孟章明中举是在河北交河县（今河北泊头市）的事。成宰中举还有一段佳话：成宰祖籍泽州大阳，侨居济宁州，官至吏部主事。其兄成宦，多年经商，他在兖州收取债务时，听到其弟成宰乡试中举的消息，便把负债人叫在一起当众把债券一把火全部烧掉，让债务人同他分享其弟中举的喜悦。这是一件奇事，也是一种义举，传为佳话。《成公朱安人墓志铭》记载：“而宰（成宰）属举于乡，报至，公（成宦）召诸不能与息者，取其券而焚之。曰：吾家故编民，自吾弟始显，天启之矣！阿堵物，何与人事以污口吻耶！济宁人闻之，大喜，祝公多贤子弟。”大阳是“举善以教，风化大行”之地，而移居外地的大阳人仍保留着人文教化的影响，忠孝节义，贤达锋露。

十　文武三解元　夺魁武状元

明朝成化四年（1468），张泽为文举乡试第一名中解元，万历三十七年（1609），王国士中解元，清康熙五十年（1711），郭安远武举乡试第一名中武解元，乾隆十六年（1751），张大经殿试第一名中武状元。这都说明科甲昌达的大阳镇，不仅文科（前面已有叙述）频频报喜，而且武科也连连告捷，真可谓“乃文乃武，相与并论”，文武之举，交相辉映。

大阳镇的张大经高登状元，独占鳌头，这固然是其武艺高强超然，韬略精通卓然，但也是与大阳镇教育风洽，人文化成，厚文重武，文韬武略的历史积淀有密切关系。远的且不讲，就在明代，尚书裴宇之子裴本立于万历年间中武进士，授昭勇将军，官至河南河北守备都指挥使。入清以来，习武练勇之风更盛，当地的跑马畛，韶武门，南北寨上留下的场地名称，都述说着教武的历史。从文献资料知悉，仅清康熙年间，大阳镇就有武举人十五名，武进士二人。牛青云和宋琚，都于康熙十一年（1672）为举人，第二年牛青云中进士，官为浙江协标中军守备；十五年（1676），宋琚也中进士，官为陨阳协守备，授明威将军。举人计有：康熙五年（1666）为王斌、李瑶；康熙十四年（1675）为都广畴、王世美、靳青兆；康熙十七年（1678）为宋廷、金珽；康熙三十二年（1693）为段绪笏、关迪；康熙四十一年（1702）为张翻；康熙五十年（1711）为郭安远；康熙五十二年（1713）为牛金宿；康熙五十三年（1714）为刘有渐。比较是说明问题的一个好方法，现在，我们利用《潞安府志》、《泽州府志》、《沁州志》的资料，将大阳一镇在康熙年间（各志书所列人数较全）中武科的人数与上党地区各县（缺辽州的资料）作一比较：

康熙年间上党各县武科人数一览表

府州	县	进士	举人
泽州	凤台（今晋城市泽州、城区）	12	74
	高平	2	16
	阳城	2	13
	沁水	0	3
	陵川	1	6
潞安府	长治（今长治市的长治县、城区、郊区）	10	56
	壶关	0	5
	长子	0	9
	平顺	1	2
	潞城	0	1
	屯留	0	1
	襄垣	0	2
	黎城	0	0
沁州	沁县	0	0
	武乡	0	4
	沁源	0	2
	大阳镇	2	15

从上表可以看出，大阳一镇在清康熙年间武科考取进士人数少于凤台县（大阳镇为凤台县所辖）、长治县，与高平、阳城两县相等，多于其它12县；中举人数少于凤台、长治、高平（只差1人）三县，其它13县都位于大阳镇之后。

更有甚者，张大经是大阳镇武科中的佼佼者。他于清乾隆十二年中举人，仅隔四年在十六年（1751）殿试上，从来自全国各地78名武进士中脱颖而出，一举夺魁，为一甲第一名，乾隆皇帝钦点武状元。传胪大典、金榜题名、授爵封官、游街夸官，这是何等的荣耀，真可谓“殿上胪传第一声，殿前拭目万人惊。名登龙虎黄金榜，人在烟霄白玉京”。对于状元地位之高贵与显赫，古书记有：“公卿以下，无不耸观，虽至尊亦注视焉。”唐代大诗人李白有诗云：“一登龙门则声誉十倍。”有清一朝取中武进士8800余人，武状元109人，其中有山西武状元6人（清源贾廷诏，凤台张大经，阳曲马全、李相清，临县张从龙，灵邱李广金）。上党地区（泽州府、潞安府、沁州、辽州）仅此一人。由此可上溯，从唐朝武则天长安二年（702）始开武科，到清光绪二十七年（1901）终止，其间1200年，考据历史，上党地区武状元也仅张大经一人而已。

从本章《明代山西进士最多的镇》一节和本节中可以看出，大阳镇明清两代出的进士、举人的人数不论文科还是武科，在上党地区乃至山西全省，和各县相比较，名次总是靠前，这就是“大阳现象”。法国伏尔泰在《风俗志》一书中说：“经过科举制而选拔的官员是一批真正出类拔萃者，千年智慧和哲学宗教的占有者。”科举考试，这种竞争是在尽可能平等的条件下进行的，它所呈现出的勤奋、进取精神，敢于竞争的积极态度，都是应该继承发扬的。大阳人在科举考试中所形成的“大阳现象”是值得关注和探讨的，这也是一份宝贵的文化遗产。

十一　“三斗三升芝麻官”的大阳现象

民谣云：“大阳出了三斗三升芝麻官。”用“芝麻”与“斗”来形容大阳镇出官之数量多，既生动又形象。大阳的官有京官（居庙堂之高的官），如尚书侍郎一级的京官，前面章节已有叙述不再赘述；有地方官（处江湖之远的官），是指省府州县之官。省府州县的官与京官中侍郎以下的中层官吏是大阳镇官吏队伍中为数最多者，他们是“三斗三升芝麻官”的主体。不讲他们的经历与绩勤，只列其姓名就有长长的一大串。现还以明清两朝为例有：王选（太仆寺丞）、张泽（监察御史）、张光房（中书舍人）、关天钦（光禄寺卿）、成宰（吏部主事）、孟章明（吏部观政）、关遐年（吏部主事）、颜伟（户部给事中）、孟颜（工部主事）、茹嘉（工部郎中）、张茂和（工部都水司员外）、部超（工部屯田司郎中）、段崇文（锦衣卫百户）、刘鲤（鸿胪寺序班）、段廷黼（鸿胪寺署丞）；庞浩（河南按察使）、裴骞（山东副使）、孟雷（陕西按察佥事）、孟霦（陕西督粮道）、张光奎（山东右参政）、张无咎（台湾营参将）；段林（临洮知府）、宋甫（忠州知州）、王儒（宁羌知州）、赵继孟（夔州知府）、王国士（霸州知州）、裴述祖（平凉知府）、裴爵（丰县知县）、田经（钜野知县）、裴平淮（新城县令）、孟履长（迁安知县）、成锡（宁远知县）、韩宣（莱芜知县）、牛卿云（府谷知县）、张德祁（乐亭知县）、阎大绶（邱县知县）、关琠（丘县令）、李临溪（罗江知县）、常瀚（乾州府知府）、常懿麟（利川令）、孟阶（承天府同知）、李用（庆阳府通判）、田时雨（彰德府通判）、裴寀（南阳府同知）、田汝稷（德州府同知）、张廷（汝州同知）、孟师文（郧阳府同知）、裴渊（保定府教授）、张茂贞（顺天府教授）、宋文钟（平阳府教授）、李先登（嘉兴府同知）、张翥（顺庆府通判）、刘振甲（太原府训导）等等。在这些官员中，有从最基层一直升到中央层的如庞浩、张泽等；有皇帝下谕褒奖的如：庞毅、张泽、庞浩、王选、裴骞、孟霦、赵继孟、李先登、牛青云、李瑶、宋琚、郜超、张翥、裴椿、裴爵、李用、宋甫等；有被当地民众修祠立碑纪念德政的如：张泽、庞浩、段豸、王国士、孟颜、裴寀等。

大阳镇明清时“三斗三升芝麻官”的实际情况，所呈现出的“大阳现象”是值得重视的。它给我们的启示作用，是值得探讨的。在前面的章节中就明清两代中进士、举人的人数，将大阳镇与泽州府、上党地区，乃至山西各县作了比较，都是名列前茅的。现再就明清两代科举情况，将大阳镇和全国经济文化最为发达、科甲最为昌达的江南苏浙地区的名镇作一比较：

明清江南名镇与大阳镇科举统计表

镇名	朝代	举人数	进士数	状元	榜眼	贡士
南浔	明代		7			
	清代	50	6			
南翔	明代	16	10			14
	清代	19	17			20

菱湖	明代		8			
	清代		33		2	
唯亭	明代	24	6			
	清代	39	23			
角直	明代	59	24			
	清代	24	6			
唐市	明代		1			
	清代		6			
双林	明代	27	6			
	清代	66	16			
朱泾	明代	31	17			
	清代	21	9			
罗店	明代	10	4			6
	清代	20	3			7
同里	明代	46	18			
	清代	31	11			
大阳	明代	40	16			11
	清代	32	6	1（武）		8

不难看出，大阳镇（实际为东西大阳两个村）这个内陆的村镇，在明清两代科举中出的举人进士人数，和江南苏杭科举鼎盛的名镇相比，毫不逊色，这是个奇迹。在古代科举制度时，官员大都来源科举考试，“学而优则仕”，取士多的地区，作官人数就多，这是一条并行不悖的规律。大阳镇有如此高的科举成就，究其原因有三：

一、深厚的历史文化底蕴是基础和土壤。大阳镇在历史上有着一段很长时期是阳阿侯国的中心城，郡县的治所在地，前后达七百余年。这样的规制，有着厚重的“礼乐”文明积淀。《乐记》云：“乐者，天地之和也；礼者，天地之序也。和，故万物皆化；序，故群物借别。”“礼”和“乐”

渗透到镇之每个地方，镇之文化形态围绕“礼乐”构建。“礼乐”代表着当地文明水平和精神境界，直接影响着村镇和居民的生活环境和人的心理状态。大阳镇的公共古建筑（庙宇）、宗族祠堂、院落屋舍等无不渗透着礼教的文化形态。从人文教化方面看，历史上有两段最为显著的时期，一是在宋代。理学大师程颢为晋城令，建立乡校，“厚教化，立学校”，“使乡有学，学有法，朝夕督励诱进，至亲为正句读焉”，使晋城“士风丕变”，“耕夫贩妇，亦知愧谣诼，道文理，带经而锄者四野相望”，这样的情形，大阳镇也一样，仅乡校有两座，沙石巷黉门口的黉宇就是当时的乡校，沐浴在“济济洋洋有齐鲁之风”中。出现了“泽州学者如牛毛”，“岁贡士甲天下，大儒辈出，经学尤甚”的良好局面。大阳的进士刘泳、刘升等就出自乡校；二是在元初。大阳人段直为泽州长官，他兴学重教，并请金代状元李俊民返回桑梓，“教授乡曲”，使得泽州“束修子衿，鼓箧入学，弦诵之学，洋洋盈耳。缨冠束衽，卒出于戎马介胄之间，其亦太平之象欤？”，李俊民长期住在大阳，择俊秀而教之，聚徒养士，使大阳教化之风日益隆茂，“郁郁乎文哉”。这是李俊民对大阳“风土完厚”，人文化成的贡献。他把大阳比做“杏花村”，“不用看碑问前事，坐中一话即图经”；“兴未尽时还又去，为君更觅暖寒杯”；“青山莫厌往来频，野鹤孤云自在身”。可以看出他对大阳的爱之深，情之切；

二、家族文化起了引导与传承的作用。家族文化是家族世家所形成的社会心理、伦理道德、人生价值观、审美情趣等的理念。人们所说的“家规”、“家法”、“家教”、“家风”、“家学”、“家训”等，是其的集中体现与反映。在宗法社会里，大阳镇家族文化的取向，共同于“耕读传家”，耕为安身生存之本，“读”为升迁济世之道。依赖耕读走仕途之路，特别强调以科举入仕，实现“代代富贵家有官”，光宗耀祖的目标。大阳镇的“段、裴、孟、张”，可谓家族世家。明清两代，大阳出进士 22 人，而此四家就有 15 人，占 70%；尚书、侍郎、将军、布政使、总兵等官职（用现代话说是省部级）有 12 人，这四家有 7 人，占近 60%。如果算上王、赵、关、庞、茹、宋、牛、常、田、金、霍、李、颜、成、都、靳、郭、郜、刘、阎等家族，就可囊括大阳的全部进士、举人。可以看出，家族文化在大阳文化中的引导作用是不言而喻的。同时，家族文化是文化传承的最重要载体之一，也是不难理解的。段家从唐朝起，直至清朝，代代有官。孟、张、裴、王、赵、宋、牛等家的传承相因也是明显的。因此，可以说家族文化是大阳文化（包括大阳现象）繁荣兴盛的重要内容，成为大阳文化区别于其他区的重要文化元素，也彰显了大阳的人杰地灵，俊才辈出的独特文化现象；

三、工商业文化起了支柱与推动的作用。明清时的大阳是“户分五里，人居万家”的工商业大镇，处在荫城、西火、赵城、南宋、陈塸、建宁、礼义、米山、高平、马村、东沟、周村、润城、阳城，这条潞泽地区以采矿、冶炼、铸造，锻制为主要特点，发达繁荣经济带的中间部位。大阳镇以采煤炼铁著称，特别是制针业崛起，成为全国制针的中心，号称“九州针都”，带动了相关的产业的繁盛，“七市八圪垱”的七市，以及巷街市场也大致形成于此时。窑歌、炉歌、卖针歌的出现，祭祀的针翁庙、商会活动的场所关帝庙和标志运河商贸文化的金龙四大王庙的修建等，都是浓郁的工商业文化的反映，同时，也体现了走出去，引进来开放性的大商业特点。“诚信为本”，“义中取利，义中取和”，“和气生财”，“团结进取”，“讲义气、讲相与、讲邦靠”等等是大阳工商文化的核心内容。大阳工商业文化的讲读书、重科举，学而优则仕，这是不同于其他晋商学而优则商的文化特点，这方面则更接近于徽商文化。大阳镇的郜、李、霍、靳等家族，都是富室大贾，他们仍孜孜以求子弟读书，中举登仕。而最为典型的是成家，成家多年经营，富甲一方，成宰中举，其兄成宦听到消息后，便一举烧毁债券，让债务人与自己同分喜悦。这充分表明大阳商人“贾而好儒”，“商而重仕”，“富而尚义”的文化气质和审美情趣。“衣食足，知荣辱”，“仓廪实讲礼义”。那些大阳商人捐资兴学、建庙，以及其他公共事业的事例，堪称古代商人支持文化教育事业的典范。总之，工商业文化成为大阳文化的重要内容，对大阳文化（包括大阳现象）的繁荣发达，起了支柱与推动的积极作用。

十二　大阳人物列传（择自国史，地方志及碑文）

赵宜主，号飞燕，赵地上党人，汉代著名舞蹈家、皇后。初，赵飞燕在阳阿公主府做歌舞家伎，后得汉成帝刘骜的宠爱，被立为皇后，史称孝成赵皇后。她的“踽步舞”、“留仙裙”，用气息控制身体的玄妙舞姿，都是绝技。她为中国的乐舞艺术作出了重大贡献。

赵合德，赵飞燕的妹妹，“善音辞”，歌唱得很好，也被汉成帝宠幸，立为昭仪。《汉书》记有：“皇后（赵飞燕）既立，后宽少衰，而弟绝幸，为昭仪。居昭阳舍，其中庭彤朱，而殿上髹漆，切皆铜沓黄金涂，白玉阶，壁带往往为黄金釭，函蓝田璧，明珠、翠羽饰之，自后宫未尝有焉。姊弟专宠十余年，卒皆无子”。足见宠爱其程度。

郭翻（472—521）字仲翔，北魏建兴郡阳阿人。翻祖出自太原，因其七世祖郭容为上党太守阳阿侯，举家迁阳阿。翻性笃孝，与友交于诚，“及其在朝，必以侃辞，事上剋以忠敬”，功拜襄威将军，再拜积射将军。

刘业成，北齐建州阳阿人，为上党王高涣长史参军。天保中，从克梁谯郡，以业成为沛郡太守。时人心未定，静以镇之，民皆悦服。

段思恭，泽州晋城人。祖昶，神山令。父希尧，晋祖辟太原从事，与桑维翰同幕府。晋有天下，希尧累历清显。后至棣州刺史兼权盐矾制置使。思恭荫署镇国军节度使官。天福中，解官侍养。入贡，改国子四门博士，赐绯。开运初，出为华商等州观察使。刘继勋辟同州掌书记。继勋入朝，会辽入汴，军士请为帅，思恭谕以祸福，拒弗从，乃止。汉祖授左补阙。隐帝时，蝗，请令“请州速决重刑，无致淹滥，必召和气”，从之。历度支、驾部。周显德中，定滨州田赋，世宗嘉之，赐金紫。服阕，拜左员外郎。宋建隆二年，除开封令，迁金部郎中。乾德初，平蜀，通判眉州。时余党攻逼州城，刺史赵廷进将奔嘉州，思恭止之，率屯兵与贼战彭山，募先登厚赏，诸军贾勇，大败贼，矫诏以上供钱帛给之。后度支请按其罪，太祖怜其果干，不许，令知州事。母忧，起为考功郎中，知泗州。会冯继业自灵州举宗来朝，上以思恭代知州事，赐窄衣，金带，钱二百万，仍令别赍金币以遗诸将。思恭绥夷落，访求民病，悉条奏免之。迁右谏议大夫，知扬州，兼沿江巡检。历知宿州，邢州。雍熙元年，再为右谏议大夫。二年，知寿州。端拱初，历迁给事中，寻知陕州。淳化三年、卒，年七十三。思恭践更吏事，所至亦著勤绩。

刘巨川，字济之，金代诗人，为宋进士刘泳之后。其与李俊民友善，常从李游，唱和甚多，刘巨川诗集今已不存。《大阳资圣寺记》就是刘请李俊民撰写的。

段直，泽州人。元初兵乱，直倡义固守一方。世祖命为本州长官。泽民多避兵未还者，直命籍其田庐于亲戚邻人之户，且约曰：“俟业主至，当析而归之”。逃民闻之，多来还者，命归其田庐如约，民得安业。素无产者，则出粟赈之。为他郡所俘掠者，出财购之。以兵死而暴露者，收而瘗之。未几，境内以宁，泽为乐土，复改建庙学，割田千亩，置书万卷，迎李俊民为师，以教乡人。不五六年，士子以通经被选者百二十二人。在官二十年，多惠政，人多推重之。

段诏隆，字世昌，直之子，嗣为长官，首汰吏曹，兴学校以育人才，会取军民版籍核实丁业，平其高下如持衡。迁沁州，再徙河中判官。河中津隘之所，兵民杂处。绍隆抚绥有方。未几，授同知晋州，进知葭州，调台州，政理民安，秩满，复知通州。卒，清苑郭宪铭其墓。

茹太素，泽州人。洪武三年，乡举，上书称旨，授监察御史。六年，擢四川按察使，以平允称。七年，召为刑部侍郎，上言：“御史未有定考，宜令守院御史一体察核，检核天下钱粮，请增置磨勘司官吏、各分为科。省卫会议军民事，请用按察司一员纠正”。皆从之。寻降刑部主事，陈时务累万言。上令中书郎王敏诵而听之。中言才能之士，数年来幸存者百无一二，今所任率迂儒俗士。上召太素面诘，杖之。次夕，复令人诵，得其可行者四事，因令中书定奏对式，俾无繁文。摘太素疏中可行者下所司，上自序其首，颁示中外。十年，迁浙江右参政，寻赐侍亲。十六年，召为刑部试郎中。一月，迁都察院佥都御史，俄降翰林院检讨。十八年，擢户部尚书。太素抗直不屈，屡濒於罪。上时宥之，尝宴便殿，赐酒曰：“金杯同汝饮，白刃不相饶”。太素叩首续韵曰：“丹诚图报国，不避圣心焦”。上为恻然。未几，谪御史，复坐詹徽事，与同官系足治事。后坐法，死。

颜伟，泽州人。洪武丙子举人，有志节，不畏权贵，官户科给事中，以直谏称。

张泽，泽州人。成化戊子为乡举第一名（解元），戊戌中进士，官监察御史，立朝建言，有直声，出为南阳知府，惠政及民，民为立祠祀之。

裴椿，泽州人。岁贡生，官清丰县丞。弭盗筑堤，薄赋兴教，祠名宦。幼孤，事母孝。母没，庐墓。母素嗜茄，遂种于墓侧，茄生连理，更有乌巢鹤翔之异，弘治间，旌孝。家居讲庙制修宗器，乡里式之。

宋甫，泽州人，成化十年甲午举人。官忠州牧。性笃孝，貌古心纯，行事画地而蹈，读书苦思力索，解后洒如也。从张泽游，志河津之学，父殁，庐墓，事闻旌其门，弘治间知忠州，以清节著。

李用，泽州人，年十五补博士弟子员。成化丙午举于乡。越三载，丁母忧，哀毁逾礼，庐墓三年。弘治壬戌，知陕西醴泉，寻升庆阳通判。弘治中，以孝被旌。

孟春，字时元，泽州人。弘治丙辰进士。天性刚方，才猷超迈。初授南刑曹，清慎有声。守严州，以廉官第一，擢冏寺，力拒阉瑾及守珰勒贿。巡抚宣府，威惠并著，军民赖之。大珰张永行边，过宣大，群僚匍伏，春长揖而已。阉宦势甚张，来索粮价数万缗，坚持不与。以直道为江彬所排，落职。嘉靖初，荐起巡抚顺天，声绩赫奕。时大旱，奏辩御史许铭冤，并乞斩贪弁暨宸濠逆党，以答天谴。不久，晋升为吏部侍郎。及佐铨政，清誉著闻，世庙特赐"行不自欺"四字以旌之。未几，大狱起，复以直言忤时宰，遂与颜颐寿，马录同时削籍。疾革，嘱敛以青袍，角带。赠工部尚书。

裴爵，泽州人，孝子椿之子也。由举人令丰县。父丧，弃官奔葬。立祠隧道，晨夕哭奠。补令临漳，迎养嫠母。丧，哀毁如礼。置祭田，建社学，修家规，里人归厚焉。

段豸，字世高，泽州人。隶籍锦衣卫，弘治壬戌进士。博学强纪，议论英发，初授河南府推官，升兵科都给事中。以刘瑾累，谪枣强县。正德六年，流贼至，连战却之。及城陷，中四矢一枪，瞑目大呼"杀贼"而死。贼遂屠其城。豸赠官，赐祭，子荫。立祠以祀。

孟阳，字子乾，泽州人，吏部侍郎春之子也。正德九年进士，为行人。劳军宣镇，抗宦者以礼。武帝将南巡，语诸僚曰："此举系社稷安危，一命之士皆与有忧，岂必言官乃当効死？"遂与同官李绍贤、詹轼、刘概、李惠上疏切谏，直斥权奸娱国，上震怒，悉下锦衣卫狱，廷杖四十，既罚跪午门，梏拱五日。逆阉江彬乘间又激怒上，复加杖，使江监之，杖甚毒，卒。春闻子死，谏哭之以诗，语甚悲壮，人争传之。

庞浩，泽州人。正德辛巳进士，刑科给事中，历河南按察，以清介率属，按部所至，一毫不以累民。督饷庄浪，按期以济军需，德政立于碑。

谪霸州知州，轸恤闾阎，救荒有善政，卒，祀霸州名宦。

裴骞，泽州人。正德辛巳进士。有敏才，学尤该博。嘉靖中，官通政司参议，终山东副使。著有《滁阳》、《蓟门》等集。

孟瀚，泽州人，自祖林至姪霓，五世同居。财无私蓄，庭无间言，人高其谊，称义门。

孟霦，字泉坡，泽州人。嘉靖己丑进士，任陕西督粮道。明敏廉介，刚柔交济，督储有方。每师出，粮饷充裕，兵民无忧，而台体严肃。放衙后，优悠诗翰，萧然事外。著《诗纪集》。

孟雷，字石盟，泽州人。嘉靖己丑进士，历官县令，多平恕不为钩距之，行与民相安，境内称治。累仕至陕西按察佥事。生平爱好诗文书法，尤以篆隶为著，为一时所宗。著有《修趾》等集。

裴宇，字子大，泽州人。嘉靖辛丑进士，官翰林，礼部尚书。先是，陪京振武营军哗，残杀重臣，骄纵不可治。宇摄本兵，呼首谋者论以祸福，立折其邪心，分其众使隶神策三大营，俾不得合势，旬日而定。转工部尚书，清洲田干没之弊，豪右贴服。回翔南寺部二十余年，恬退自安。当肃宗尚道术，大臣往往以青词希旨，宇视之泊如也。所著有《内山集》。张毅蒙师事之。

孟颜，字怀溪，泽州人。嘉靖戊戌进士。为县令时，以仁爱为政，惠泽于民。后任工部主事、仕至四川布政参议。因父母年老，又不能接来瞻养，遂辞归乡，享受天伦之乐，养老送终。一生爱好诗词，其诗不拘格律，注重真情实感的直抒。古文恢宏，下笔千万言，很有气势。著有《孟亭恒隐集》。

裴宋，泽州人，嘉靖丁酉举人，官南阳同知，练达有治绩，筑堤防河，计擒矿盗，民为立去思碑。

田时雨，官彰德府通判，隶人与洛川王府人争瓜而殴，时雨捕王府人。赵王厚煜请解不得，论王府人充军。未几，宗室数十人索禄，时雨以宗室殴官，白于上官。知府傅汝励尽捕各府人。厚煜由是忿恚且愧，竟自缢死。厚煜子成皋王载锾疏闻于朝，下法司按问，时雨弃市，汝励戍极边。

成宰，泽州人，侨济宁州。嘉靖年间举人，官至吏部主事。

张养蒙，字泰亨，泽州人。万历五年进士，选庶吉士，历吏科左给事中。少负才名，明习天下事。居言职，慷慨好建白。时南北多水旱，条上治奸民、恤流民、爱富民三事。上嘉纳之。锦衣都指挥罗秀夤缘得佥书。言："秀本太监滕祥奴，贿入禁卫。往岁营佥书，兵部尚书王遴持正，为所中伤，去。未几，秀即躐用，物议沸腾"。疏发其状，乃黜秀。御史高维崧等言事被谪，养蒙偕同官论救，复特疏讼之，夺俸。故事：部曹不得改科道，至是多营求，以养蒙言而罢。寻选工科都给事中，采木四川及额。商人输木后者，诏追银，以养蒙言获免。都御史潘季驯奏报河工，疏言："河臣报成未久，急求谢事，而继者复告患矣。其故皆由不久任也。夫官不久任，其弊有三：后先异时也，人已异见也，功罪难执也。请效边臣例，增秩久任"。上深然之。诏潞安进绸二千四百匹，复命增五千，率同官力争，不从。出为河南右参政，寻召太仆少卿，四迁左副都御史。二十四年，极谏时政阙失，有三轻二重，谓："部院之体渐轻，科道之职渐轻，抚按之任渐轻；而进献之途及内差之势渐重也"。语皆切中。不报。又明年六月，两宫三殿继灾，复上疏曰："近日之灾，前古未有。请躬谒郊庙，以谢严谴；立御便殿；以通物情；早建国本，以系人心。停银矿、皇店之役，杜四海乱阶；减宦官、宫妾之刑，弭萧墙隐祸。然此皆应天实事、犹非应天实心也。臣仰瞻穆清，成心有四：一曰好逸、一曰好疑、一曰好胜、一曰好货。愿戒此四者、亟图更张，庶天意可回，国祚可保"。不省。寻迁户部右侍郎，督朝鲜饷。事宁，予一子官。三十年，署部事，会有疾，固辞，罢归，卒于家。天启初，赐谥毅敏。

孟兆祥，字允吉，泽州人，侨交河，少举于乡，九赴会试。天启二年，始擢第，除大理左评事。崇祯初，迁吏部稽勋主事，历文选员外郎。门生谒选请善地，兆祥正色拒之，其人悚然退。进稽勋郎中，历考功。忤权要，贬行人司副。稍迁光禄丞，进少卿，历左通政、太仆卿，旋进通政使，拜刑部右侍郎。贼薄都城，兆祥分守正阳门。襄城伯李国桢统京营军，稽月饷不予，士无固志。城陷，兆祥曰："社稷已覆，吾将安之？"自经于门下。长子章明，字纲宜，甫成进士。兆祥挥之曰："我死，汝可去！"对曰："君父大节也。君亡、父死，我何生为？"乃投缳于父之侧。兆祥妻吕、章明妻王，相向哭。既而曰："彼父子死，忠矣。我二人独不能死乎？"皆自缢。兆祥赠刑部尚书，谥忠贞。章明，河南道御史，谥节愍。清朝赐兆祥谥忠靖，章明谥贞孝。

王国士，字丹衷，号秋水，伟岩丰资，须眉如戟，少多节，饶胆识，遇事毅然自为。家贫力学，中万历己酉乡试严魁，屡因公东以亲簉。仕霸州时，魏聱煽聱，霸属繁有，徒劳无功，盗贼充斥，民无安枕，公甫下车，严缉盗，令未浃旬而路不拾遗，凡民之敝于时政者设法苏之。前此聱羽横肆者无能复逞，以是中伤。不五月为贡生丘集凤哭诉于魏，嗾御史袁弹章诖误革职。霸之士民遮留号泣，欲赴部申控。公见一时贤人君子罗织倾丧殆无虚日，知天下事不可为，反以革职为幸，力止之。霸民不得已，设祠竖珉以志不忘。公归里未几，流氛蹂躏晋土，桑梓尽为邱墟。公筑堡捍卫，置家业于不问，悉力调度，推心固结，凡防御器具，城守方略过于都邑，保聚一乡历二十载。大乱奇荒，人咸以为安泊。清朝定鼎，起废列，当事者荐剡数次，公意年老，绝意仕进。终之日，四壁萧然，衣衾不具，乡人为之罢市云。

张廷，泽州人，官汝州同知。尝让产于弟，义行其多，积久人尚能道之。

张光奎，字聚辰，泽州人。养蒙之子，仕至山东右参政。崇祯五年，流贼再犯泽州，数千人压大阳镇，光奎方里居，与兄守备玺，千总刘自安等，率众固守八日，援兵不至，城陷，并死之。赠光禄卿。光玺等赠恤有差。

张德祁，泽州人，康熙戊午举人，官乐亭知县。孝友谦让，以耕读为业。居官廉洁明敏，人不以私相干，豪右为之敛迹。

张大经，字建常，凤台人。乾隆辛未武进士第一人及第（武状元），由一等侍卫擢武昌府参将，迁文登副将。高宗南巡，办理德州烟火厂，临清河巡哨，恩赐貂缎有差。晋陕西兴汉镇总兵。金川用兵，调赴军前，守牛厂、木儿寨诸要隘。进兵攻明郭宗有功，旋提兵守达咱夹山。闻木果木大营兵溃，率众往援。遇贼，奋力冲杀，自夜至日晡，士卒尽疲。风沙四起，贼众乘势据高阜，列枪炮，随所向环击，身被重创，叹曰："吾大臣，不可为贼人污"。遂投崇德站之海子而死。事闻，命入昭忠祠，遣官致祭，照旗员二品大臣例，世袭骑都尉。子无咎，蒲河营都司。

关遐年，字鹤亭，凤台人，乾隆甲辰进士，历吏部主事员外郎，升礼部郎中，充己酉会试同考官，所取极一时之选。阮公元、那彦成皆出其门。而三荐阮元事，尤为脍炙人口。阮元学识渊博，所作文多不能解，遐年荐之再，主司摈之再，乃取文中典故逐一注明，主司服。后出为广西东平府知府。惜后代凌夷，政迹莫考云。

常恒昌，字芸阁，凤台人。嘉庆甲戌进士，由翰林庶吉士历授河南、广东道监察御史，寻迁户部给事中。累居言职、多所指陈，极言州县以递解赔累，消弭命案之弊，以及听讼黩货、枉法诸状。又言直省借易仓谷，扰累滋弊，名为接济民食，实则朘削民财；名为出陈易新，实则挪新掩旧。语皆切中时弊。均奉旨通饬施行，一时想望丰采。出为云南迤西道，适汉、回民争利械斗，聚众杀伤。恒昌单骑驰谕，系其为首者，按问如律，边境肃然。迁福建按察使，旋授浙江布政使。值海疆不靖，定海再陷，宁波诸郡相继被兵。饷军练勇，支应浩繁。恒昌综核得宜，甚为当事倚赖。定海难民群趋会城，为捐廉恤之。民食半资湖米，道梗艘不至，乃预于军饷中别贮米千余石济之，人心以定。恒昌前在闽，已以筹防堵积劳致疾。至是，事益棘，又与当事议和战意不合，大愤，病增剧，遂乞归抵家，寻卒。所著有《静轩遗稿》等集。

宋英，字木若，明崇祯三年中举人，清顺治三年为进士。任榆次教谕，修学校，士有声坛坫。乡居时，叛兵任国奇攻本镇清宁寨，英率弟华协力捍御，歼渠魁，围遂解去，全活者男女计二千余人，里人感之。

宋盛，宋兴德，两人从兄弟也。辛未蝗蝻灾，各捐千金，市粟救赈，民不得流亡以死。寻复完治汤王，泰山两庙工，为祷雨救旱干，乡人咸义之。

明代山西各县进士人数一览表

进士人数多于大阳的县	县名	阳曲	榆次	汾阳	离石	平定	阳城	沁水	临汾	洪洞	翼城	曲沃	猗氏	安邑	蒲州	代县	长治
	人数	34	17	20	22	27	41	19	20	29	18	27	22	53	55	24	31
	县名	泽州	高平	解县													
	人数	46	28	19													
相等的县	县名	忻州															
	人数	16															

	县名																
进士人数少于大阳的县	县名	太原	太谷	祁县	徐沟	清源	交城	文水	岚县	兴县	平遥	介休	孝义	临县	宁乡	陵川	浮山
	人数	5	3	10	2	5	8	7	3	2	2	9	14	0	13	8	2
	县名	汾西	襄陵	太平	乡宁	吉县	永济	临晋	虞乡	万泉	荣河	霍州	赵城	灵石	夏县	平陆	芮城
	人数	2	15	10	2	4	0	10	0	5	2	3	1	4	0	5	6
	县名	新绛	闻喜	垣曲	绛县	稷山	河津	五台	繁峙	崞县	定襄	静乐	保德	河曲	大同	怀仁	浑源
	人数	13	14	8	3	12	13	3	1	6	7	2	2	1	15	2	4
	县名	应州	山阴	灵丘	朔州	偏关	昔阳	寿阳	盂县	辽州	和顺	榆社	沁县	沁源	武乡	长子	屯留
	人数	7	4	1	3	1	12	6	13	12	5	6	5	0	12	5	7
	县名	潞城	襄垣	壶关	平顺	黎城	石楼	岢岚	广灵								
	人数	3	10	10	0	2	1	1	1								

大阳人物一览表

朝代	姓　名	举　人	进　士	官　职	备　注
西汉	赵宜主 号飞燕			孝成赵皇后	《汉书》有传
西汉	赵合德			赵昭仪	《汉书》有传
北魏	郭　翻			襄威将军 积射将军	
北齐	刘业成			沛郡太守	
唐	段　约	明经科	进士	定州司 户参军	
	段　昶	明经科	进士	神山令	
后晋	段希尧		进士	棣州刺史、权盐矾制置使	

后汉	段思恭			左補阙	
后周	段思恭			左司员外郎	
宋朝	段思恭	荐辟选举科		右谏议大夫	《宋史》有传
	段惟一	荐辟选举科		太常博士、三司度支判官	
	段惟几		进士	兵部员外郎	
	刘　泳		进士		
	刘　升		进士		
元朝	段　直	荐辟选举科			《元史》有传
	段绍隆	荐辟选举科		知葭州 武略将军	
	段绍先	荐辟选举科		宿卫王府	
明朝	茹太素	洪武三年庚戌(1370)		户部尚书	《明史》有传
	庞　宠	洪武二十九年丙子(1396)		临漳训导	
	颜　伟	洪武二十九年丙子(1396)		户部给事中	
	庞　毅	永乐15年丁酉(1417)		兵部郎中	
	王　选	永乐15年丁酉(1417)		太仆寺丞	
	霍　整	永乐15年丁酉(1417)		滦州判官	
	王　鉴	宣德元年丙午(1426)			
	田　辅	正统六年辛酉(1441)			
	段　林		举人才	临洮知府	
	张　泽	成化四年戊子(1468)	成化十四年戊戌(1478)	南阳知府、监察御史	乡试第一名解元

明朝	韩　宣			莱芜知县	
	宋　甫	成化十年甲午(1474)		忠州知州	
	李　用	成化二十二年丙午 (1486)		庆阳通判	
	孟　春	弘治八年乙卯(1495)	弘治九年丙辰(1496)	吏部侍郎 赠工部尚书	《明史》有传
	裴　爵	弘治十一年戊午 (1498)		丰县知县赠资德大夫	
	段　豸	弘治十四年辛酉 (1501)	弘治十五年壬戌 (1502)	兵部给事中 赠太常寺卿	《明史》有传
	孟　阳	正德二年丁卯(1507)	正德九年甲戌(1514)	行人赠监察御史	《明史》有传
	庞　浩	正德五年庚午(1510)	正德十六年辛巳 (1521)	河南按察使 刑部给事中	
	裴　骞	正德十一年丙子 (1516)	正德十六年辛巳 (1521)	山东副使	
	田　经	正德十一年丙子 (1516)		钜野知县	
	王　儒	嘉靖元年壬午(1522)		宁羌知州	
	茹　夔	嘉靖元年壬午（1522）			外迁云南
	茹　言	嘉靖元年壬午（1522）			外迁云南
	孟　雷	嘉靖四年乙酉(1525)	嘉靖八年已丑(1529)	陕西按察佥事	
	孟　霈	嘉靖四年乙酉(1525)	嘉靖八年已丑(1529)	陕西督粮道	
	孟　阶	嘉靖十年辛卯(1531)		承天府同知	

明朝	赵继孟	嘉靖十年辛卯(1531)	嘉靖十四年乙未(1535)	夔州知府	
	裴　宇	嘉靖十三年甲午(1534)	嘉靖二十年辛丑(1541)	礼·工部尚书	
	孟　颜	嘉靖十六年丁酉(1537)	嘉靖十七年戊戌(1538)	工部主事、四川参政	
	田时雨	嘉靖十六年丁酉(1537)		彰德府通判	
	裴　寀	嘉靖十六年丁酉(1537)		南阳府同知 顺庆府同知	
	成　宰	嘉靖间举人		吏部主事	外迁山东济宁
	裴本立	武举人	武进士	河南河北守备、昭勇将军	
	茹　嘉	嘉靖二十二年癸卯 1543		工部郎中	外迁云南
	张养蒙	万历元年癸酉(1573)	万历五年丁丑(1577)	户部右侍郎 赠户部尚书	《明史》有传
	张光房	万历十九年辛卯(1591)	万历二十九年辛丑(1601)	光禄寺少卿、中书舍人	
	孟跃如	万历三十七年己酉(1609)		辰州推官	
	王国士	万历三十七年己酉(1609)		霸州知州	乡试第一中解元
	裴平淮	天启元年辛酉(1621)		新城令	
	孟兆祥	举人	天启二年壬戌(1622)	刑部右侍郎	《明史》有传外迁河北交河
	孟章明	天启七年丁卯(1627)	崇祯十六年癸未(1643)	吏部观政	《明史》有传外迁交河
	关天钦			光禄寺卿	

明朝	宋　英	崇祯三年庚午(1630)		榆次教谕	
	田汝稷			德州同知	
	孟师文			郧阳同知	
	孟履信		贡士	潞城训导	参与泽州志编纂
	孟履长			迁安知县	
	段崇文			锦衣卫百户	
	霍居义			杞县主簿	
	裴　渊			保定教授	
	庞　爵		贡士	教谕	
	庞　实		贡士	上蔡训导	
	刘　鲤			鸿胪寺序斑	
	颜　淳		贡士	训导	
	成　锡			宁远县令	
	裴　椿			清丰县丞、赠资德大夫	
	裴述祖			平凉知府 武定知府	
	韩　济			训导	
	王鹏升			崞县训导	
	李先蓁			顺天府大城教谕	
	张光奎			光禄卿山东参政	《明史》有传
	张光玺			守备	
	刘自安			千总	
	郜起凤		贡士	宣宁府官	
	段廷黼			鸿胪寺署丞	
	张茂恂		贡士	顺天府儒学教授	
	张茂贞			顺天府儒学教授	
	张茂和			工部都水司员外	

明朝	裴　瑜		贡士		
	刘鸢飞		贡士		
	田　献		贡士		
	裴本一		贡士	聊城二尹	
	赵继皋		贡士		
	裴　绣			保宁教授	
	裴　宠			定陶王府教授	
清朝	宋　英		顺治三年丙戌（1646）		
	都广居	顺治五年戊子（1648）			
	牛卿云	顺治十四年丁酉 (1657)		府谷知县	
	孟　星	顺治十四年丁酉 (1657)		吏部候选州同知	
	赵　琯	康熙二年癸卯 (1663)		绛州学正	
	王　斌	康熙五年丙午 (1666)		兴武卫千总	武举人
	李　瑶	康熙五年丙午 (1666)		武德将军	武举人
	牛青云	康熙十一年壬子 (1672)	康熙十二年癸丑 (1673)	浙江协标中军守备	武进士
	宋　琚	康熙十一年壬子 (1672)	康熙十五年丙辰 (1676)	陨阳协守备明威将军	武进士
	宋文钟	康熙十一年壬子（1672）		平阳教授	
	孟言励	康熙十四年乙卯 (1675)	贡士		
	都广畴	康熙十四年乙卯 (1675)			武举人

清朝	王世美	康熙十四年乙卯 (1675)			武举人
	靳青兆	康熙十四年乙卯 (1675)			武举人
	张德祁	康熙十七年戊子 (1678)		乐亭知县	
	宋廷	康熙十七年戊午 (1678)			武举人
	金　珽	康熙十七年戊午 (1678)			武举人
	段绪笏	康熙三十二癸酉 (1693)			武举人
	关　迪	康熙三十二癸酉 (1693)			武举人
	张　翮	康熙四十一年壬午 (1702)			武举人
	郭安远	康熙五十年辛卯 (1711)			武举人乡试第一
	牛金宿	康熙五十二年癸巳 (1713)			武举人
	刘有渐	康熙五十三年甲午（1714）			武举人
	金二酉	雍正七年己酉 (1729)			
	阎大绶	雍正十三年乙卯 (1735)		邱县知县	参与泽州府志编纂
	张大经	乾隆十二年丁卯 (1747)	乾隆十六年辛未 (1751)	陕西兴汉镇总兵	武状元《清史稿》有传
	金得戊	乾隆二十七年壬午 (1762)			
	关　琠	乾隆三十六年辛卯 (1771)		邱县令	

清朝	关 琪	乾隆三十六年辛卯（1771）		知县	
	关遐年	乾隆四十二年丁酉 (1777)	乾隆四十九甲辰 (1784)	平乐府知府、吏部主事	参与凤台县志编纂
	关彭年	乾隆五十七壬子 (1792)		忻州学正	
	常恒昌	嘉庆九年甲子 (1804)	嘉庆十九年甲戌 (1814)	浙江布政使	
	王 俨			吏部候选州同知	
	李 楷			广平知县、赠文林郎	
	李先登			嘉兴府同知	
	郜 超			工部屯田司郎中、郁林知州	
	段 瑾			德清县主事	
	李善征			山阴县官	
	尚 琮			蒲州训导	
	张 翥		贡士	四川顺庆府通判	
	刘振甲		贡士	太原训导	
	张无咎			台湾营参将世袭都骑尉海防都司	张大经子
	李临溪			罗江知县	
	常 瀚		贡士	陕西乾州府知府	
	常懿麟	道光年举人		湖北利川县令光禄寺署正	
	关 太		贡士		
	张 泓		贡士		
	刘启甲		贡士		
	王 佶		贡士		

封赠大阳人物一览表

	姓　名	原　因	封　赐	
明代	庞　宏	庞毅父	赠承德郎、兵部主事	
	张　翔	张泽父	赠文林郎、浙江道监察御史	
	孟　鉴	孟春祖	赠通议大夫、都察院左副都御史	
	孟　彪	孟春父	累赠通议大夫、都察院左副都御史	
	庞　能	庞浩父	赠征仕郎、刑科给事中	
	王　全	王选父	赠儒林郎、光禄寺丞	
	裴　黻	裴骞父	赠承德郎、刑部主事	
	孟　瀚	孟霶父	赠奉政大夫、南阳同知	
	裴　椿	裴宇祖	赠资德大夫、礼部尚书	
	裴　爵	裴宇父	赠资德大夫、礼部尚书	
	赵　庞	赵继孟父	赠文林郎、太常寺博士	
	张　稳	张养蒙祖	赠通议大夫、 户部右侍郎	
	张四维	张养蒙父	赠通议大夫、 户部右侍郎	
清代	李　楷	李先登父	赠文林郎、广平知县	
	牛从麟	牛青云父	赠明威将军、浙江协左营中军守备	
	李　楫	李瑶父	遵例赠武德将军	
	宋　英	宋琚父	赠明威将军	
	郜　恂	郜超父	遵例赠文林郎	
	张　廷	张翥父	赠承德郎、四川顺庆府通判加一级	
	张德善	张大经祖	赠资政大夫、一等侍卫	
	张世烈	张大经父	赠资政大夫、一等侍卫	
	张世武	张无咎叔祖	赠昭武将军、世袭骑郎都尉	
	关卫邦	关遐年祖	赠奉直大夫、晋赠朝议大夫	
	关广誉	关遐年父	赠奉直大夫、晋赠朝议大夫	

第七章

民居大院古风存

谁道花枝不耐寒，就中姚魏欲开难。

赏心未惬空归去，更待明朝烂漫看。

——〔金〕李俊民《郜氏院看花》

（一）春水满四泽

淼淼舒如罗带，鳞鳞皱似縠纹。

谁道卧龙不起？须臾变化风云。

（二）夏云多奇峰

幸得从龙变态，尚何出岫无心？

正苦人间畏日，不思天上为霖。

（三）秋月扬明辉

清光一片如洗，西去姮娥耐秋。

可惜广寒人老，谁将玉斧再修？

（四）冬岭秀孤松

山头倾盖独倚，雪里盘根岁深。

千年老鹤相伴，谁似苍髯有心？

——〔金〕李俊民《锦堂四景图》

一　庭院深深古风韵

中国古民居有“南看安徽，北看山西”之说。山西泽州县大阳镇气势恢宏，规模庞大，深深宅院，岧岧高屋的明清古民居建筑群，就是山西古民居大院的典型代表之一。现存传统建筑面积不少于 34 万 m^2，是山西省现存明清建筑规模最大的古民居群。正如《山西民居》一书中所说的：“大阳在明清时期建造了规模宏大的宅院建筑群。这些大院布局严谨，规模宏大，装饰讲究。横贯东西的明清大街，至今店铺林立，古风四溢，沿街分布有七十二巷，可谓壮观。”纵观古镇大阳的民居大院，令人惊叹，掇取要者有如下特点：

1. 规模大、数量多、全国罕见

明清时期，晋商崛起，发了财的巨商大贾不吝钱财营造宅院，炫耀其富，以晋中一带为最，如祁县的渠家，渠家大院现存传统建筑面积 5317m^2，乔家堡村的乔家，乔家大院现存传统建筑面积 8724 m^2；榆次车辋村的常家大院，从乾隆到光绪，经连续 200 年大规模营建，建成了占地 200 余亩、1500 余间房屋的常家庄园；太谷北洸村的曹家，曹家大院现存传统建筑面积约 1.2 万 m^2；灵石静升镇的王家大院先后建于清康熙、雍正、乾隆、嘉庆年间，总面积约 15 万 m^2 等等。这些晋商大院“规模之大，质量之高，在全省乃至全国都属上乘”（《山西民居》）。

明清时期，山西泽州的沁河、丹河一带，科甲连绵，名宦迭出，因之出现了许多官宦宅第。如阳城皇城村陈廷敬（清康熙年间文渊阁大学士兼吏部尚书）的宅第，现存传统建筑面积 3.6 万 m^2；上庄村王国光（明万历年间吏部尚书）的宅第，屯城村张慎言（明崇祯年间南京户部尚书）的宅第，现存传统建筑面积 2 万 m^2；润城张敦仁（清嘉庆年间云南盐法道）的宅第，砥洎城传统建筑面积约 3.7 万 m^2；沁水窦庄村张五典（明天启年间南京大理寺正卿）、张铨（明天启年间巡按辽东）的宅第，现存传统建筑面积 4 万 m^2；湘峪村孙居相（明崇祯年间户部尚书）的宅第，现存传统建筑面积 4 万 m^2；西文兴村柳氏宅第，现存传统建筑面积 3.5 万 m^2；高平良

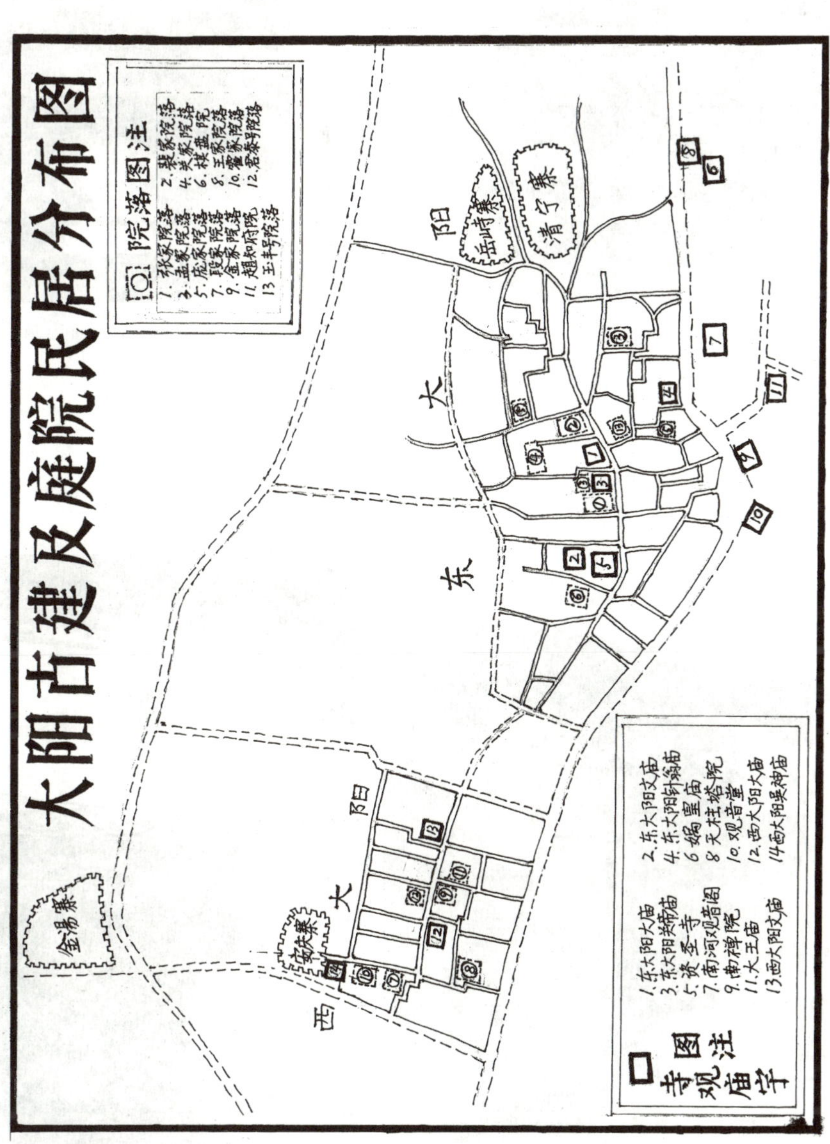
大阳古建及庭院民居分布图
院落图注
1.张家院落
2.裴家院落
3.孟家院落
5.庞家院落
6.棋盘院
7.段家院落
8.王家院落
9.金家院落
10.霍家院落
11.赵知府院
12.君泰号院落
13.王丰号院落
寺观庙宇图注
1.东大阳大庙
2.东大阳文庙
3.东大阳关帝庙
5.资圣寺
6.娲皇庙
7.南河观音阁
8.天柱塔院
9.南禅院
10.观音堂
11.大王庙
12.西大阳大庙
13.西大阳文庙
金汤寨
清宁寨
东大阳
西大阳

大门木雕

王家大院木雕

大院大门

大院大门

王家院大门

户村田逢吉（清康熙年间兵部侍郎、浙江巡抚）的宅第，现存传统建筑面积 3.7 万 m^2 等等。这些官宦宅第气势宏伟，规模宏大，结构严谨，装饰考究，富有特色，堪称佳构。无论是晋中的商宅，还是晋城一带的官第，都有着北方民居大院的大气，并富有浓郁的文化气息和地方特色。这些民居大院还有一个显著特点，就是家族聚居性。一个家族，一个姓氏成为一体的建筑群，与村落周围其它民居形成了明显的反差，可谓“一枝独秀”式。

而古镇大阳的古民居建筑群，却呈现出了另一番景象。官第、商宅、亦官亦商的宅院，星罗棋布、鳞次栉比、团团锦簇、比比皆是，共同形成了明清民居庭院的大合唱，可谓“百花齐放”式。这些官第、商宅，组团式簇片形的建筑群。其规模之大，数量之多，令人惊奇，给人以震撼。“大阳当地经商出仕者甚众，官居商宅互相错落，逐步形成官商一体的居住空间形式，在我国村镇居住空间结构中实属罕见”（中国建筑工业出版社《大阳古镇》）。粗列起来，则可见一斑。官第如元代泽州长官段直的段家大院；明代礼、工两部尚书裴宇的裴家大院；明代户部尚书茹太素的茹家大院；明代吏部侍郎赠尚书孟春的孟家大院；明代户部侍郎赠尚书张养蒙的

段家大院

赵家大院

张家大院；明代霸州知州王国士的王家大院；明代夔州知府赵继孟的赵家大院；清代浙江布政使常恒昌的常家大院；清代平乐知府关遐年的关家大院等等。商宅如君泰号的靳家大院，玉丰号的李家大院，咸义号的棋盘院，白玉堂的大院等等。亦官亦商的如霍家大院，金家大院，郜家大院等等。《山西古村镇》一书中说大阳“镇内有规模很大的明清古建筑群，现存传统建筑面积共约 34 万 m^2”。这在全省乃至全国也仅见。

2. 宅第式与街衢式传统建筑交相辉映

宅第式与街衢式的明清建筑相得益彰，交相辉映，是大阳古镇民居大院的一大特点。当地民谣中有“七十二条巷，老街五里长”。东西五里长的老街，沿街线状排列着此接彼连，店铺林立，商幌飞悬的街衢式明清建筑。这些府第式宅院与街衢式商铺，切实反映了大阳镇在明清鼎盛时期的历史风貌和社会真实。

明清时，大阳经济发达，市场繁荣，特别是制针业的突起，使大阳镇

张家大院

成为全国制针业的中心，称为“九州针都”。巨额的财富，滚滚的利润，大阳成为四方辐辏，商贾云集，“户分五里，人居万家”的商贸重镇。木市、米市、茶市、钱市、花市、席市、菜市、枣市、人市……布列其中；酒坊、醋坊、油坊、染坊、糖坊、磨坊、烟坊、香坊、当铺……点缀其间；咸义亨、福泰恒、白玉堂、复兴祥、锦泰裕、顺兴永等商号，招摇于市。沿街灰砖灰瓦的两层楼建筑，比肩接踵，家家相连，严谨和谐，古朴大方。商家临街开设店面，一般为前店后宅式，或为下店上住式。临街而居的府第宅院，则由街而入，直贯到底，一进、二进、三进，层层深进，朝向根据街道走向而定，大致与街道垂直。在明代，沿大街由东而西为裴宇府第、孟霦孟雷府第、张养蒙府第，三家均坐北朝南，院落大门直通街衢，高门大户，显赫开敞大方。古街上有许多街巷衔接口，是由巷入街的转换节点，则以阁楼为标志。其建筑与街衢建筑，既统一而又富有变化；既协调而又不乏灵活。古街上的寺庙建筑，古色古香，古韵浓郁，给街衢建筑增添了丰富的色彩和几分庄严，在空间上起到了画龙点睛的效果。汤帝庙、资圣寺，关帝庙临街而立，寺庙前的小广场既是商贸交易的场所，又是人们活动、娱乐的空间，聚散功能明显。关帝庙（对孟家大院进行了改变）是祭祀关公的庙宇，又为商会、同业公会议事的场所，还起着会馆的作用。这些街衢式建筑，是古镇大阳商贾文化的重要内容与突出特色。《阳宅会心

王家大院

棋盘院

金家大院

君泰号大院

霍家大院

集》有："一层街衢为一层水，一层墙屋为一层砂，门前街道即是前堂，对面屋宇即为案山"，这是一种堪天舆地的意象。

七十二条幽巷中，高门大户、墙厚院深的宅第式建筑森森而立，几乎每条巷中都有，有的还可能是几个，可谓星罗棋布，遍地生花。这是明清辉煌时期大阳镇文风勃兴，官宦迭起的历史见证，也是"三斗三升芝麻官"大阳现象的文化记录。《大阳古镇》一书中有"大阳人在朝为官者屡见不鲜，历朝历代众多官员如此密集于大阳一地，不可不谓奇特"。官多宅第就多，这是顺理成章之事。大兴土木，修建宅院，是古代官员衣锦还乡，告老还乡的一个社会现象。除前面已提到过的张、裴、孟、茹、常、段、王、赵、关、庞家的大院外，还有宋、牛、霍、金、部、都、田、颜、阎、李、成、郭、靳、刘等家，也都出过要官显宦，其宅第建筑也深宏富丽，表现不凡。这些宅第式建筑，因地依形而建，各具特色。一般为二进三进，或多进更深，有纵有横，纵向为多。房屋为两层，收尾院正房也有为三层的，或正房的角屋为三、五层的插花楼。这些宅第式建筑群，大部附有花

常家大院

牛家大院

玉丰号院

园，供主人与家人游赏玩乐。花园多为园林式建筑，“虽由人作，宛自天开”，“网罗田地于门户，饮吸山川于胸怀”，富有诗情画意的境界，浸透着宅主人的情趣与爱好。以段家、郜家、孟家、裴家、张家、王家、靳家的花园最为有名。府第式建筑，尤以张家规模最为宏大，建兴巷的东西两侧均为张家院落，其实原建兴巷的巷门就是张家的中大门，后才改为巷门。除此之外老街南面的财神巷、南讹巷连片都为张家院落群。

府第式与街衢式的明清古建筑群，是大阳历史文化遗产的积淀，凝聚着丰富的文化内涵，构成了大阳特有的文脉与肌理，是大阳文明的纪念碑式建筑。

3. 形式多样展示庭院风华

古镇大阳的传统民居，无论是普通的独门小院，还是官商的高门深院，都有着内向性、家族性、地域性的一些共同特点。

内向性，家族的本质是以族内的独立与完整为最高准则，其空间的图式是向心的，突出表现在院落围合的形式上，院落四周房屋与墙体围

王家院双插花楼

合起来，作为界定与限制，形成了以庭院型合住为基本建筑形态。这种四面围合的内心性增加了同居宅内一家人和睦相处，团结一心的凝聚力，给家族的生活创造了独立空间；家族性，大阳的古民居院落，大都是以姓氏为单元聚住在一起，形成了同宗姓氏族群大院，称某家大院。这是古代氏族聚落传统文化观的遗风；地域性，是因为地理形势、气候条件、民风民俗的不同而形成的。大阳民居属于晋东南式民居范围。如四合院，大阳的四合院与北京、晋中的四合院，在形制、布局等方面均不竟相同，房屋多为两层，且房体高大宽敞。再如圪垱院、圐圙（kū lüè）院、一日高升院等。圐圙院是根据地形特点，外围用房屋或墙体围合、整体只留一个大门，内部依地形划分成一个或数个合院，其余因地形补空修屋盖房。有诗云："白玉团团一个圈，乾旋坤转任自然。谁知圈内百般趣，便是人间行地仙"。圪垱院，是地形高于周围的台地，其形式不一。在台地上建房修屋。有合院式的，有依地而建的。还有一种院是以一座二层楼

庞家院（单插花）

为主房，依据高低的地势，一层为下院（或前院）的北房，二层为上院（或为后院）的南房，人称一日高升院。这两种院大多以家族居住为特点，如某家圐圙。

大阳的传统民居，在院落组合形式上呈现出多种多样的特点，几乎无一雷同。归纳起来，主要有三合院（簸箕院）；四合院（四大四小院、四大八小院，还有四合院的变化形如双插花院、单插花院、四角院等）；组合院（两进院、三进院、多进院、棋盘院、八卦院、九宫院等）。

三合院，是三面为房屋，一面为墙体，墙体一面开设大门。这种三面高一面低的院落，形似簸箕，所以也称簸箕院。

四合院，是四面有房屋围合的院落。先以一座单体建筑为主，再在前面两侧各建一座房屋，两房成对称之势，然后在主房对面建一倒座房。院落的大门开设在倒座房的位置上，或居中，或偏东南。四合院还有许多衍生变化形态，在四角建有八个耳房，称四大八小式。如君泰号的主人院、

井头上八卦院

王家大院的两进院、张家大院的两进院等；在主房两侧的耳房（院的东北角、西北角）上建三层或五层楼房，高于主房，形似新科状元的帽翅，称双插花，也称“风水楼”。如王家大院的第二进院，小庙巷南端的一家院落等；只在院落的西北耳房建高于正房的楼房，称单插花。如小庙巷的孟家大院、裴家巷北端的庞家大院等；在合院的四角耳旁都建起高于四座大房的高楼，称四角楼。如大业巷口的第一个院落。这些高楼具有防御功能，可登高望远，起御敌防盗、保平安的作用。

八卦院，是组合院的一种形式。将两个三合院组成一座大四合院，在院中用墙体隔开，平面如同八卦图，称八卦院，如井头上的一院落，段家院的第三进院落等。

九宫院是将三组三进院并列组合而成。如裴家大院。裴家大院在组合上也有变化，每进院采取了套院的形式，类似于变形的八卦院，成了大小十八院。

棋盘院，组合院的一种形式，是由四个独立院落共同组成棋盘形式，各院落形成“十”字的内部通道；也有两个二进院落并列的，前面开一个大门，也称棋盘院。如醋房巷阎大绶的大院最为典型。

组合院多为两进、三进、多进院落的组合。如裴家大院、张家大院、孟家大院等，这种形式几乎府第式院落均如此。多进院落前后相连纵向的多，也有并列横向组合的。关家巷的关家大院，孟家巷（开元巷）的孟家大院为横向组合形式。这种形式是院落的前面开有一通道，院落的大门开在通道东端。

4. 文化意蕴彰显古风韵

中国传统建筑文化，从某种意义上讲，就是院落文化。诚如著名建筑学家梁思成所言：“最初的庭院，显然是基于群居和自我保卫”，“我们的空间同欧洲系统不同，主要在庭院的应用上”。庭院文化表现了中国传统建筑的独特意蕴。这一点和西方建筑有很大的不同。

“夫宅者，乃阴阳之枢纽，人伦之轨模，非夫博物明贤者未能悟斯道也”。庭院是方小天地，却蕴含着深邃而丰富的文化内涵。道家文化的“本乎天”；儒家文化的“人本”；堪舆风水文化的“藏风纳气”、“趋吉避凶”；建筑装饰文化的“吉祥祈福”、“道德教化”等等，植根并融洽于庭院文化之中。

大阳的民居建筑，依据于岗峦起伏，丘阜不平的地势，呈现出参差变化、错落有致，在空间与平面布局上丰富纷华，显现出建筑人文美与山川自然美有机谐和的隽永意象。“通显一邦，延袤一邦之仰止；丰饶一邑，彰扬一邑之观瞻”。这是因地制宜经营宅居环境时，尊重、顺应并与自然相谐；遵循“物之美，本乎天，天地合气，万物共融”，“人心巧契于天心”，并“趋全避缺，增高宜下”，俾能“发其所蕴”，“务全其自然之势，期无违于环护之妙耳”的文化使然。

宅院作为家族社会伦理观念的物化产品，院落的空间就是伦理空间。宅院的房屋在主次、尊卑、上下、长幼、内外等的秩序等级上，安排的要井然“合礼”。合院式居中轴线上的房屋是位尊的房屋，是供长辈居住与使用，而最中心房屋的等级最高，是供奉祖宗牌位或为重要事务活动的场

大阳镇不同的窗户造型

木门窗棂花

木门窗棂花

门窗格心棂花

门窗格心棂花

砖雕

砖雕

砖雕照壁

砖雕照壁

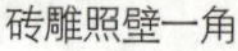
砖雕照壁一角

砖雕照壁角饰

砖雕

门枕石

石柱础

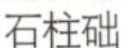

石柱础

窗台石线刻

窗台石刻花

门枕石

大阳镇不同的石雕造型

所。院落建筑布局以中轴线两两对称，或两相平衡，具有均衡、和谐、对称、协调的作用。体现了中庸之道，“致中和”、“尚中正”的儒文化。张养蒙的宅第，位于东大阳老街中段，南北纵向为三进院落。前院无正房，是佣人活动的场所，等级最低；中院正房为一厅房，排列在中轴线的正中部位，是主人接待客人和举行重要活动的地方；后院正房是主人居住的地方，两侧厢房则为家中辈份低的人居住。后院的“内和”氛围，使家人有一份亲和的独立空间。这样的安排，主次、尊卑、内外、等级分明，内外有别。这是“前下后上”、“前外后内”的儒家“礼制”要求。西大阳王家大院把小姐院安排于整体建筑的西北角，距离大门较远。在封建社会里，女儿是大门不出、二门不迈的，是要“外避”的。居住环境相对幽闭，也是受封建礼教的思想影响。

建筑装饰在大阳民居院落中，是十分普遍的现象，尤其是在仕官的宅第与富商的宅院表现得更为突出。建筑装饰文化不仅使人们获得喜悦、愉快的心理感受，受到教化，还丰富了建筑的层次感，加深了建筑的印象与个性。大阳的传统院落建筑装饰主要题材内容，以花鸟、动物、人物居多。大致可分为三个方面：一是喜庆吉祥的祈福图案；二是历史典故、民间故事、神话传说图样；三是趋吉避邪的装饰物，或图象。通过砖雕、木雕、石雕、铁艺、彩绘等建筑艺术形式来达到装饰性效果与功能作用，广泛地适用于建筑构件的诸多部位。大门往往是装饰文化最为集中表现的地方，照壁、梁坊、雀替、墀头、门枕石、柱础、窗台石、门槛石、栏杆、门窗、铺首、斗栱、匾额、屋脊等，都是装饰的重要部位。

“谁家起第宅，朱门大道边”。大门是庭院的入口处，给人以第一印象，处于整个建筑的重要地位。在古代封建社会里，就有高低尊卑，以门为度之说。《礼记》云：“有以高为贵，天子诸侯台门。”《不只中国木建筑》一书中也说：“没有一个民族，会像奇妙的中国人那么重视门。”“门深第贵”，大阳人也是这样，在大门上极尽装饰之能事，把最精美的装饰都集中表现于此。悠悠岁月，沧桑变化。大宅的豪门，大都不复存在，现存者也面目全非。孟霦孟雷兄弟宅第大门在修关帝庙时已拆除，张侍郎（养蒙）的府第大门也只有那高大的鼓抱石还在静静地诉说着昔日的辉煌。尚存的裴尚书府、常巡抚第，以及王知州、赵知府、段长官的宅第大门和君泰号、棋盘院的商宅大门，虽历经斗转星移般的消磨和那个特殊年代的浩劫，却仍隐然透射着曾经的风光和有过的风华。可寻觅到通天石柱耸立起高大的八字门楼，威严挺拔；门上部叠加的斗栱，有数层多；华丽的垂花柱，精雕细刻；门楣上悬挂着的匾额金光灿烂；门前的门枕石凝重大气，石狮子威武昂扬，处处体现着院主人的显赫地位与高贵身份。

影壁（照壁）在大阳民居大院中是一种普遍的装饰物，有着分隔空间、增加私密性、丰富层次感的功能。“影壁对门，邪气难入”，还是针对“气”的冲煞设置的。“曲则吉”、“屈曲有情”，起到了使气流和道路屈曲而行的作用。大阳镇宅院的影壁多设置在正对大门的墙上，为内影壁。裴家麒麟院、沙石巷庞家院、井头上八卦院、大业圪洞四角楼院、醋坊巷阎家院、常家院、张家院、君泰号、段家院、赵家院、霍家院、王家院等的影壁为典型代表。这些影壁造型优美、布局精当、构图圆满，壁心与四角的雕造，或瑞兽、或花鸟、或图案，都栩栩如生，呼之欲出，表现了砖雕艺术的高超技艺。

庭院的门窗，也是装饰的重点。大阳居民建筑也十分留意窗户的艺术空间。刘熙《释名》说：“窗，聪也；于内窥外，为聪明也。”“轩盈高爽，窗户虚邻，纳千顷汪洋，收四时之烂漫”（《园冶》）格心棂花、裙板雕花，起到了强烈的渲染作用，使建筑物活跃起来，给人以美的感染。格扇与槛窗的格心棂花，通过木棂条的相互拼接，形成了各式各样的华丽美妙的图案：灯笼锦、套方锦、龟背锦、金钱纹、如意纹、雷电纹、柳条纹、方格纹、斜格纹、X 字纹、亚字纹、冰裂纹等等，图案形式多样，构图千变万化，使人赏心悦目，令人称奇叫绝。东大阳的常、张、阎、关和西大阳的段、赵、王、君泰号等的门枕石，都为石雕的佳作精品。大阳民居大院的柱础，随处可见，且式样纷呈，构图简洁明快，有鼓形、瓶形、瓜形、兽形、方形、几腿形、覆盆形等。窗台石的雕刻在大阳的大院中也多使用，君泰号、张家大院的窗台石，以浮雕为著。段家和王家大院压窗石的线刻，图文并茂，意趣盎然。“争羡娇红耀烈日，谁知老蚌产明珠”；“雨露一番洗翠绿，云霞几度映琳琅”；“清芳来院宇，绰约宜长春”（以上为段家院）。“小月当窗花影动，十方春户满石苔”；“小院春风满，奇葩点绿苔”；“明月几霄同绿水，牡丹带露出红尘”；“芝草映堦绿，菊花绕石开”；“千红万紫不胜春，独有梅花最可人。三尺古桐一声鹤，海天明月斗精神”（以上为王家大院）等，这些充满着浓郁生活气息的诗句，表达了主人的情致意趣。

“庭院深深深几许？杨柳堆烟，帘幕无重数”（欧阳修《蝶恋花》）。“别院深深夏席清，石榴开遍透帘明”（苏舜钦《夏意》）。大阳的深深大院有着深厚的人文内涵，丰富的历史信息，浓郁的地域气息，独特的建筑意蕴，是古人留给我们的一份宝贵的文化遗产，我们应该十分珍惜，并认真地保护。

二　东大阳裴氏院落

“一进十八院，有碾又有磨，后面还有个大圐圙”。这首民谣说的是裴家大院。其位于东大阳老街中段，东为裴家巷，西为关家巷。裴家大院为裴宇所建。裴宇在明代嘉靖万历年间，为礼、工两部尚书，诰赠光禄大

裴家大院

裴家中院厅房

夫、正一品大员。其宅称“光禄第”、“尚书府”。

裴氏家族祖籍河东闻喜（今山西闻喜），是河东名门望族。裴氏家族自东汉以来至隋唐，正史有传者200余人。《新唐书·宰相世系表》中有，在唐代“宰相十七人：西眷有寂、矩；洗马有谈、炎；南来吴有耀卿、行本、坦；中眷有光庭、遵庆、贽；东眷有居道、休、澈、垍、冕、度”。据史载，东眷的裴果与其子裴存仁，在南北朝时，都任过建州刺史，因之举家迁徙建州（今泽州），而今大阳镇的裴氏为中眷之裔，元朝迁来泽州。

大阳镇的裴氏家族，在明代出了三个进士、六个举人。仕官有尚书一人、省级副使一人、将军一人、府官三人、县令四人，府县教授四人，可谓“耕读传家，冠裳不绝”之门。裴宇是明代裴家官职最大者，也官高一方。其贯通经史子集，学养深厚，所以裴家大院的建筑绝不是简单的空间组合，形态罗织，建筑及其规则，是有构思意韵和文化内涵的。但裴家大院的建筑已经过了数百年的风雨岁月，今日已拆改逾半，芜杂可哂，非昔日之旧容，或破坏无遗，或仅余大略。如就今存者诠解建筑谛义，必会出现歧义。寻觅旧迹，现就裴家大院建筑的几个特点剖析如下，与大家共赏之。

一是整体立意高迈，形势恢宏。裴家大院总体意象为九宫八卦五行式，将三元巧妙地与方位五行挂钩，并排布在八卦九宫之中，是天地之理的体现，这样的构图，形成了一个完整的太极。主体建筑三纵三横，方平厚重，均衡端庄，形神兼备。“宅与人相扶”，闭合空间，标定界限，产生了一种均衡效果，给人以审美上的满足与愉悦。

二是空间序列科学合理，而又蕴含着深层的文化涵义。裴家大院根据风水“透白”的原理，采取大院套小院，或小院傍大院的处理手法，巧妙地处理了建筑群落视野空间的间距问题，使院落建筑有效地调整和控制到科学合理的地步，并得到了“阴阳平衡”风水的要求。这是匠心独具的，既科学而又富有文化内涵。“夫宅者，乃是阴阳之枢纽，人伦之轨模，非夫博物明贤者，无能悟斯道也”。（《黄帝宅经》）。《易经·系辞传》云：“日月之道，贞明者也。”实现了“近相住形，虽百端而未已”，“远以观势，虽略而真”，“使建筑环境中近形丰姿与远势气概，巧妙融汇，相得相济，出神入化，予人丰富的视觉艺术感受”。

三是突显了“尚中”观和“中和”思想。“中者，天之正道”。“和为贵”是多样性的统一。“中”构成了中华文化的核心，是儒家学说的精髓。裴家大院南北三纵的东南院为狮子院，西南院为麒麟院。“取象比类”，狮子、麒麟都为瑞兽，是象征吉祥的风水，借喻出俊杰人才，而狮子为武，麒麟为文，文武双全，相得益彰。而中院，是裴家大院的主院，不仅是形式上的居中，这主要是中华文化“尚中”思想的体现，其义博大精深，任思维骋驰。这也是大院主人的审美情趣、道德修养、人生观取向的表露与体现。

四是层次分明、结构韵致的建筑特点。裴家大院依南北高低差别，前低后高的地形特点，采取步步抬高，层层迭进的布置，其最北的三层高楼为屏障，作为整体建筑群落的终结。这样可以接收南方生元吉气，阻挡了北方的寒流煞气，造成了一个生态小环境，符合《阳宅十书》中所谓“前低后高，世出英豪”的要求。同时，建筑在高低错落，参差变化中蕴涵着节奏韵律之美感。

五是外直里曲，避煞趋吉的风水崇尚。裴家大院的外形端正体方，四周墙直，而建筑物内部的道路无论东西，还是南北都呈S形。中院的门是裴家大院整体建筑的正门（大门），台基高筑，历级而上，门柱高矗庄严，斗栱重迭连缀，门楼上高悬着“光禄第”的匾额愈觉崇高威仪。门开于中院之东南的“巽”方，为风水中的青龙门。“巽”位属“木”，“巽”又为“风”卦，风木相生，“风”入，意为财富滚滚而入。从门而入的道路也是呈“S”形地行进，“曲径通幽”。在曲径的节点或门道上，多有题额和楹联，或设立有化煞建筑小品，如影壁等，物语含蓄，耐人寻味，饶有趣味，表现了审美愉悦功能。这些曲径又为排水道，风水学强调“水不宜直流”，“去水依依”，谚有“玉带缠腰，贵如裴度”，也有诸多讲究。院落内部的曲径通道，是人、气、水三道合一，“直为冲煞，曲则生吉”，曲致有情，屈曲生动，形成的螺旋气场，构建了养生小环境。这是中国传统建筑思想在裴家大院的鲜明体现。

三　西大阳段氏院落

段氏家族祖籍凉州姑臧（今甘肃武威市），南北朝北魏时，段氏以“上客”、“第一客”的显赫家族之荣迁入中原，隋时由河南迁泽州，何时户落大阳，还有待考证，但不迟于唐代。段家大院位于西大阳老街西端，现在院落南北为三进，东西并列为两进。由南而北序次为鼓乐阁、开阔场地、大门（处整体建筑东南）、一进院，二门、二进院、西并为闺房院，三进院、西并为后花园等。

高大的门楣、绮丽的鼓乐阁，造型精致、做工考究；门前立有的上马石、拴马桩等，都充分显示了主人不同凡响的身份地位。“入口处墙壁内折，预留出入口空间，平面呈现‘八’字形”。“这种独特的入口处理在彰显宅院气势的同时还显现出宅内主人的好客大度，有‘笑迎八方客’的寓意”（《大阳古镇》）。第二进院有立于台基之上的正房，东西两侧厢房。这为元初泽州长官段直所建，原为别墅，始名为“锦堂”，“侯之别墅，葺一室曰锦堂”，取“新衣锦之堂”之意。锦堂于壬寅年（1242）完构，上梁时的《锦堂上梁文》颇有趣味，录而共赏之：

段家大院

德迈于公，素有高门之望；贤如晏子，欲更近市之居。此心所安，乃卜既吉。爰即鸣珂之里，以新衣锦之堂。为天下士，欲得万间；在大丈夫，安事一室？象盖取诸大壮，歌载播于斯干。已许王翰为邻，将见许伯入第。谨涓吉日，肇举修梁。因采欢谣，式扬善颂。

抛梁东，崇构巍巍耸碧空。天际浮云风卷尽，放教远岫列窗中。

抛梁西，落霞孤鹜与齐飞。扶摇万里垂天翼，肯向枝巢借一栖。

抛梁南，百屋堆钱不可贪。何如养取闲中趣，渐渐佳如食蔗甘。

抛梁北，归意浓於山有色。故乡曾见几人还，多少朱门锁空宅。

抛梁上，子子孙孙枝叶壮。不知更有贵甥谁，能与外家成宅相。

抛梁下，壁上尤堪三绝画。更将黄卷教儿童，学取邺侯书满架。

伏愿上梁以后，门阑多喜，家道克昌。鬼神为之护持，民物于此安逸。岂止梁间之燕，咸贺其成；抑令屋上之乌，皆知所止。

同年，锦堂落成后，于壁有画家绘制的四景图，并配有陶潜诗句，“因命画史以春水、夏云、秋月、冬松绘之于壁，盖取陶靖节之句也”。同时，大宴宾客，庆贺。席间，段直还请客人咏诗作赋，并请李俊民写《锦堂赋诗序》。为之，李俊民不但写了诗序，还以春夏秋冬为题为锦堂咏诗四首。

《春水满四泽》：“一番雨过绿生肥，正是桃花欲浪时，掠地风来吹不皱，细看面面尽玻璃。”

《夏云多奇峰》：“初见云从山里出，须臾云结势如山。一声霹雳催时雨，云不能闲山自闲。”

《秋月扬明辉》：“谁为天公洗眸子？试将把酒问姮娥。清光一片已如许，斫却桂时应更多。”

《冬岭秀孤松》：“凛凛苍髯晚节孤，雪中倾盖若旁无。一经天亮盘桓后，气压秦时五大夫。”

段直把锦堂作为他“时时班春往来于此，合亲友而燕之”的场所。他的53岁寿辰就在此举行，其热烈场面我们不得而知，李俊民的一首贺词《瑞鹤仙》是这样写的：

河东贤太守。使草木生光，太行增秀。功名落谁后？醉归来马上，气冲牛斗。一阳应候。看春风、先到细柳。笑坐中有客，侯轻万户，诗夸千首。依旧。桂花盈处，蓂叶圆时，为君添寿。满堂饮酒。尽平生、倾盖素友。对水云乡里，真山面目，钱家夸甚锦绣！但年年、岁岁相逢，似人耐久。

锦堂的后园是个偌大的花园，供人游赏消遣，涤烦虑，畅幽怀，李俊民的《游锦堂后园》诗，就是他同朋友的共同感受：“妆点园林次第新，野花无数不知名。即时唤起闲中兴，惭愧陶家趣未成。”

后来的段家院，是段氏后人经过元明清民国年间的增修、重修、改造而成的。“荏苒冬春谢，寒暑忽流易”，家族兴衰，沧桑变化，无声的古民居建筑一旦破坏，古镇历史文脉就会被割裂，最终导致古镇记忆的消失。

大阳镇传统民居院落一览表

院落名称	建筑形制	规模	位置及其分布	代表人物
张家大院	四大八小	三进	建兴巷、财神巷 南讹巷均有分布	张养蒙
裴家大院	九宫八卦	多进	裴家巷与关家巷间	裴宇
常家大院	四大八小	三进	财神巷南段	常恒昌
孟家大院	组合院	多进	小庙巷、龙王巷、可观巷	孟春
关家大院	组合院	三进	关家巷北段	关遐年
庞家大院	组合院	两进	裴家巷北段、沙石巷中段	庞浩
棋盘院	棋盘院	两进	醋坊巷南段	阎大绶
段家大院	组合院	三进	西大阳老街西段	段直
王家大院	四大八小	三进	西宫巷中段	王国士
金家大院	四大八小	两进	西大阳老街中段	金珽
霍家大院	八卦院	两进	吴神巷北段	霍整
赵家大院	八卦院	两进	西大阳老街南	赵继孟
君泰号	组合院	三进	西大阳老街中段	靳炳海 靳炳山
玉丰号	八卦院	两进	东大阳盐店巷	李氏家族
牛家院	四合院	两进	井头上	牛青云
井头上院	八卦院	两进	小庙巷南段、魁星阁北	
大业巷院	四角楼院	两进	大业巷西口	

第八章

古建探幽意蕴深

是谁将壁疥？尽可著纱笼。
今代无诗史，何时入国风！
——〔金〕李俊民《资圣寺壁》

禅关欲寻金石碣，蚓泥蝎篆分毫杆。
共说高齐有遗迹，丰碑百尺千佛嵌。
——〔清〕秦峤《大阳读北齐碑》

一 汤帝庙

汤帝庙，又称汤王庙、社庙、大庙。东、西大阳村各有一座。

东大阳的汤帝庙位于老街中段，坐北向南，东为关家巷，西为开元巷，南面隔老街为盐店巷。庙为二进院落，庙依中轴由南而北序次为照壁、街道、山门（上有戏楼）、一进院落、大殿、二进院落、后宫。庙碑散落于民间院落，宋宣和年间的重修碑文记载，建筑年代为北宋乾德五年（967）。汤帝庙的规制高与规模大集中体现于一进院落的成汤大殿，是庙的主殿，面阔七间，进深五间，悬山顶、屋脊饰栩栩如生，屋顶前坡长而坡度平缓，外观端崇庄严，古制森然。

西大阳汤帝庙，位于西大阳老街中段，坐北朝南，为二进院落，中轴线上从南到北依次分布着戏楼、广场、山门、中门、成汤殿。庙始创于宋代，重修于元代。现为全国重点文物保护单位。成汤殿是庙的主体建筑，面阔明三间暗七间，进深八椽，抬梁式砖木结构，悬山顶。屋面前坡短后坡长，与东汤帝庙正好相反，殿古朴大方、不矜而庄。

汤帝庙又称社庙。《礼乐》有："国中之神，莫贵于社。"古指土地神，后为村社之神，是村落的重要之神，为地方的保护神。《诗·商颂·殷武》有："昔有成汤，自彼氐羌，莫敢不来享，莫敢不来王。"让这样一位帝王做地方保护神，人们心理得到极大的安慰，并具有安全感。两大阳把汤帝奉为本地的社神，其中还有着更为深层的意蕴。这和大阳（阳阿）的本源有密切地联系，前面章节已有叙述，阳人族群迁徙于此，故名阳阿。阳人为"殷民七族"，大阳人追奉汤帝（太乙）为社神，是最自然的事了。不仅如此，大阳人还把汤帝庙叫做大庙。在古代大与太是同义，大庙就是太庙，太庙就是祖宗庙。大阳不是单一血缘姓氏的村落，不是指"张王李赵"那个家族，而是个以地缘维系的族群（阳人为一民系）。那么祖（宗）庙就是阖村族群祭祀的祖先宗庙，汤帝是阖村族群的祖先。大阳人把社稷神与祖宗神合而为一，作为地方的保护神；把社庙与祖（宗）庙合一为汤帝庙，作为全村的主庙，这既巧妙而又意味深长，既祭祀慎终追远而又维系了历史文化根脉。汤帝庙放在了村中心的显著、重要部位。西大阳的汤

西大阳汤王庙正殿

西大阳汤王庙中门

帝庙虽在村之中段偏西，但从地形上是最佳的部位。两村的汤帝庙在村中具有“居中”、“居高”、“居前”的特点，是最佳位置的公共祭祀与活动场所。这不只是村镇建筑空间布局形式层面的问题，是族群的地理与精神坐标。而更有着“礼制”文化所包含的地缘与血缘的深刻内涵，也充分显示了“礼”文化形态所形成的影响。

重修汤王殿宇记

大阳成汤殿宇自乾德五年(967),我祖刘公之所建,已寥寥数百载，风雨浸坏，神罔攸宁。泳等念神仪之无依，恤祀事之靡严，遂命工匠重加修崇，僝功鸠材，鼎新缔构，易月告成。栾栌耸势，参差排日月之光，甍桷凌虚，炳焕夺云霞之丽，于是神赫威灵，变化龙形以示人。人心严肃，祀事弥勤，既殚基构之制，当尽扬功之美。恐岁月遥迈，罔记其由，因以刻石，昭示无穷，时宣和元年（1119），岁次己亥九月十一日，彭城刘泳记。

维□宋渊、霍立、阎立、元安、孙福、刘泳、刘宇、韩□、韩开

木匠　王立、段刚

瓦匠　赵崇、赵

刻石　冯仙

汤王殿芝草诗序石刻

宣和二年（1120），进士刘泳作序并七律一首，族人刘衎和韵，进士刘升书：

新构汤祠映碧成，梁间瑞草表虔诚。也同□□寒光润，气禀元精素质清。神爵五茎难比□，建□三本未为荣。烝民共喜嘉祥异，和气时臻□□平。

刘衎和诗：重新古庙一新成，推福昭然□□诚。和气善调□岁稔，嘉祥通化国风清。共夸□□明时盛，未算尧舜按日荣。不独诗人赞功德，奏□朝治贺升平。

二 资圣寺

资圣寺，古名永建寺，俗名北大寺，后大寺。因位于塔河水北，与塔河南岸同为佛寺的南禅寺比对称北大寺。而后大寺是就本身而言的。寺始建于北齐天保四年（553），名永建寺，河清二年（563），高公主于寺内建二级石塔，后唐明宗长兴四年（933）立尊胜幢，北宋真宗天禧四年（1020）改赐名资圣寺，为泽州之古寺名刹。李俊民的《大阳资圣寺记》碑文云："自齐文宣天保四年至今癸卯，七百五十一年，其间升沉兴废者屡矣！虐焰之酷，未有甚于此时者。"他说的"此时者"是指"金贞祐甲戌（1214）"的兵燹，由于元对金的战争使得泽州一带"郡城失守，虐焰燎空，雉堞毁圮，室庐扫地，市井成墟，千里萧条，阒其无人"。这场战火也使晋城"本县境内，寺院二十一区"，"存者十之三四"，资圣寺也"居民荡析，乡井荆棘，寺几于废"。而又经过乡里人捐资捐物"与本寺修香积位，其殿宇寮舍，缺者完之，弊者新之，靡不用心焉"，才使寺稍得以恢复。李俊民看到的资圣寺，已是贞祐兵火后的情景了，寺已重新修复为"周围二百六十三步，屋宇二十八间，共一百二十椽"的规模。这与往昔的建筑规模相差甚远。

初，北齐皇室高氏笃信佛教，于天保年间择山清水秀，景致优美地方兴建佛寺。阳阿故城外西隅，前河水北，依势建佛寺名永建寺。殿宇参差栉毗而上，亭台层迭错落而北，规模宏伟，气势不凡。低处"甘泉涌井，树影横阶"；高处"楼插霄汉，殿峻飞云"，晨钟暮鼓，香火缭绕，俨然一处圆觉妙天、佛国圣地。但沧桑岁月，"升沉兴废者屡矣"，"历胜国昭代，因之岁久倾蚀"，"火于寇，败于僧，侵于镇虎"，使古寺名刹式微。明代大阳镇在发展时，又斩寺夺宇，"开膛破肚"，从中通行街市，使一寺分为前后两部分，现存的建筑为寺之后一部分，人称之为后大寺。而前部分已湮没于历史深处之中。清代人王佺的一首咏叹诗，从其扑朔迷离中透露出了些许蛛丝马迹：

皇家贵主好招提，废寺传来自北齐。
拂石细究天子诏，披蓁细阅侍郎题。

山僧狂喜开爨乱，燕悲鸦寻旧楼栖。

莫道荒址皆可叹，东廊品水有清畦。

现存的资圣寺，实为后大寺的部分，为两进院落。第一进院落，北向坐落为天王殿，东西配殿现已不存。第二进院落，北向坐落为大雄宝殿，东西两侧的原建筑已毁，后改修的建筑也多不合中国古建筑的规制。向后再延伸的院落和寺前山门，均已不存。即是翻修后的天王殿和大雄宝殿，与原建筑面貌相比也逊色不少。

资圣寺牒

永建寺具呈累代修崇未谐名额，蒙中书门下牒。资圣寺，泽州晋城县古永建寺。牒奏，勅宣赐资圣寺为额。牒至，准勅，故牒。天禧四年正月六日牒。礼部侍郎、参知政事李迪，右仆射、兼中书侍郎平章事王钦若，左仆射、兼中书侍郎平章事向敏中。

大阳村古永建寺者，累代修崇未谐名额。昨□天禧四年正月六日，伏蒙皇恩，特赐牌额，号资圣寺。为额者思山谷之改，转星河而迁移，故刊壁铭，用记岁毕。□时大宋天禧四载岁次庚申四月壬午朔二十八日工毕。

寺主请法华经僧云惠，请上生经僧法海，书字僧普信，堂内尚座僧法爽、僧惠光、僧过江、云先、云叻、云聪、云田、云清、行者七见、应见，镌字刘顺。

大阳资圣寺记

〔金〕李俊民

晋城县，汉之高都县也，属上党郡，晋因之。后魏改属建兴郡，明帝移建兴于高都城，孝庄帝复改建兴郡为高都郡，县属焉。北齐置长平、高都二郡。后周又以长平、安平二郡并入高都郡。隋开皇初，郡废，为泽州。十八年，改高都县为丹川县，因县北丹水为名，属长平郡。唐武德元年，移源漳水北；三年，析丹川于古高都城，置晋城县，属建州；六年，州废，县属盖州；六年，省丹川县，盖州入晋城。

资圣寺明碑

贞观元年，盖州废，为泽州，县亦属焉。宋及大金，因之不改。本县境内，寺院二十一区，大金贞祐甲戌至甲午，存者十之三四。资圣寺，在县北四十里大阳社。北齐文宣天保四年癸酉，梁元帝承圣二年也，号永建寺。至武成河清二年癸未，建石塔二级。后唐明宗长兴四年癸巳，立尊胜幢。宋真宗天禧四年庚申，改赐资圣寺。周围二百六十三步，屋宇二十八间，共一百二十椽，与碧落治平院、泽州浴室院皆法眷也。本寺素乏常住，且过者稀。贞祐兵火后，居民荡析，乡井荆棘，寺几于废。里人王简等，亦游落四方，艰苦万状，默有所祷："异日平安到家，当舍所有以答佛力。"既归，乃以所居之正堂五间，与本寺修香积位，其殿宇寮舍，缺者完之，弊者新之，靡不用心焉。且语耆老曰："本社宋阿李生前为无后，将本户下地土一顷五十亩余施与本寺充常住，见今荒闲有无，借众力开耕，经赡本寺，为修饰润色之费，仍与住持僧添钵，不负我辈报恩之愿。”众欣然诺之，命本寺僧行广主其事。行广，俗姓李，本社人，纯悫谨愿可托，故令专之。自齐文宣天保四年至今癸卯，七百五十一年，其间升沉兴废者屡矣！虐焰之酷，未有甚于此时者。赖有其人家风不坠，不幸中之幸者也。刘巨川济之欲传于久远，求碑以实之，故书。

癸卯年四月初六日壬子记。

三　南河庵

南河庵，又称南河观音阁、南河书院等。坐落于塔河南岸，其东为娲皇庙、天柱塔，东北为明都阁、龙王阁，正北为魁星阁、望河楼、石头坡，北稍西有针翁庙、四眼井，西北有南讹门、通济桥，西为南禅院，西南有泰山庙、大王庙。这里是大阳镇古迹最为集中之地，为精粹之所在。的确，这一带有寺有庙，有桥有塔，有楼阁有戏台……仅舞楼就有四座，如加上寺庙的舞楼就更多了。这使人想起了唐诗人杜牧“南朝四百八十寺，多少楼台烟雨中”的诗句。

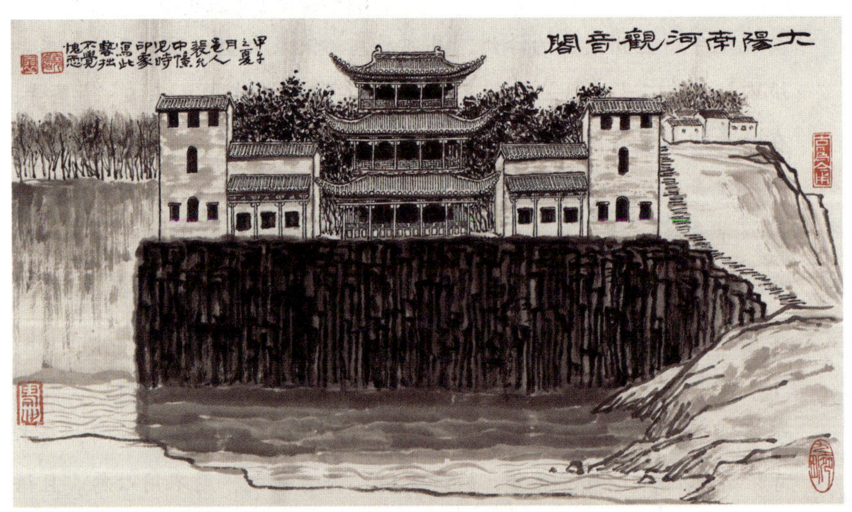

大阳南河观音阁

从明朝《重墁南河庵观音阁卧碑记》和清朝《观音阁香灯会记》的记载，可知我们所看到的南河庵是明清修缮后的面貌。基坐于巨石高崖上的南河庵，其下是“之”字形塔河曲水回流潴集形成的一汪泓水，巨石崖上因潮湿布满了状如虎豹皮样陆离斑驳的苔藓，可谓“纷总总其离合兮，斑陆离其上下”。南河庵山门向西，其主体建筑坐南向北，在塔河北岸向南观看是最佳位置。庵的主面楼阁建筑为“山”形，呈高低高低高的布局。正中的三层楼为亭阁式，造形爽洁轻举、玲珑活泼、四面敞轩，朱栏回环、布局匀称、精巧秀丽。顶为重檐歇山式，翘甍飞檐，变化丰富；屋顶黄绿

西大阳南书院

一石五眼井

二色琉璃瓦，富丽堂皇；脊饰多姿，光彩夺目。整体建筑造型优美，灵动异常，堪称精品。东西两侧的碉楼式阁楼，悬山式顶，壁立崖峭，高标云霄，灰砖灰瓦，古朴庄严。碉楼式高阁与亭阁式高楼中间有低矮的亭廊连接，使得整个建筑群，高低错落，富有变化，形成了强烈的层次感；碉楼式的凝重与亭阁式的灵动，灰砖的朴素与琉璃瓦的艳丽，又形成了明显的对比。从这些方面而言，南河庵算得上是大阳的独特建筑。

南河庵内的《阳阿故县造像碑》，亦称《石法华像碑》，当地人俗称《千佛碑》。碑为四楞，有九块造像石组成，共三爵，每爵三石，高三米余。“上下皆镌佛像，空处细书施主姓名，并有小记”。此碑既刻有文字又镌有阳纹佛像，为三晋名碑，堪称珍品，现仅存一小部分。从碑上看，南河庵始建年代要早于北齐河清二年(563)，如结合原址上的石洞窟考查，可推测于北魏，这和阳阿县与建兴郡以及阳阿城的迁徙都有密切联系。此碑正文后列施主官阶、男女姓名。有官此土者如郡太守、长史、中正、功曹以及东兵参军、长流参军等名；有官外郡者，如沛郡太守，太学博士，汝南、广阳、清谷令等。这就又提出了问题，南河庵建碑的施主不但惊动了本地官员为什么还有外地官员呢？这是有其历史原因的，此碑与资圣寺的二级石塔同为高公主所经营，河清二年正是高公主之父上党王高涣平反昭雪之时。高公主借此善举是为皇帝祈功（答谢之意），为百姓祈福，所以集合了一批官员布施，外地官员大都是高涣原来的下属。由此碑还牵出了一段隐秘的历史事实。从书法上讲“杂用篆隶，奇古可爱。书此以见北魏碑式之古，与后不同。同时‘日’、‘月’等字与唐武后时同，知十二字非尽武后所造”的历史信息。

石法华像记

阙　名

大齐河清二年，岁次癸未，五月甲午朔十五日戊寅，阳阿故县村合邑长幼等，敬造石法华像一躯。宝相严丽，借此功福，上为皇帝斋僧，七世父母因缘眷属，遍地四生，咸登正果。

大阳读北齐碑

〔清〕秦峤

水出阳阿荫松杉，夏日游集同人咸。
禅关欲寻金石碣，蚓泥蝎篆分毫扦。
共说高齐有遗迹，丰碑百尺千佛嵌。
三千大千总世界，一指从教参经函。
心心相印法象古，面面相看笑口缄。
年深多有模糊处，再三涤刷苔藓芟。
河清二年岁癸未，五月午未日并劖。
杂兼篆隶留真体，记事古雅超等凡。
上为皇图祝福寿，下为闾里安民喦。
中正长史标姓氏，守令参军列阶衔。
男女眷属普供养，细书不惮语喃喃。
是年虫旱发赈恤，或因灵庥慧眼览。
天地日月十二字，羖历飞上工铸镵。
唐代武后矜创制，食人唾余羞贪馋。
当时武城好营造，许多宫苑龛佛巉。
总持兴圣各成寺，双堂三台变鹫岩。
诏书一下民胥效，举国若狂争和諴。
法林亦有天保记，凋零寒沥不可览。

惟此硕果存不食，坐读手扪辨珉瑊。
夕阳落树弗忍去，盘桓如将终日馋。
出门犹复频回首，旛刹摇曳飘如帆。

南河观音阁

〔清〕王佺

阁基肇乎石，顶透乎云。八面玲珑，三层峻绝，云梯高驾于重霄，朱槛曲通乎四达。千瓣莲花端佛坐，一轮宝镜照金容。廉栋接南浦之行云，朱帘映东林之皓月。对两镇之廉阁粧楼，奂伦并美；收四围之崇山峻岭，锦绣联辉。瓦壘参差，琉璃瑞霭，排霄楹榱，鼓翼翚翠。金铺耀日，缨络高悬，无非作佛之地。牟珠朗照，真是参禅之源。古鼎珠宝灿斑，香散孟天官府；墙碑龙蛇留字，纱笼庞祭酒诗。

何年选胜创南阁，粧点烟村不寂寞。
迭桷重榱看翚飞，千门万户疑蜃作。
坐中风起晓云留，槛外山啣红日落。
呼吸气通尺五天，潺潺水响百寻壑。
九霄高处击晨钟，数里静中闻夜铎。
自是登临入廉图，星辉日曜流丹垩。

四　针翁庙

针翁庙，在东、西大阳村各建有一座。针神，当地人称针翁爷，是个地方神，仅在大阳一带供奉。明时，大阳是全国制针业中心，带来了滚滚的财富，亦使大阳镇名声远扬，人们为保住这个福气就建庙塑像供神，这是一种祈福心理。西大阳针翁庙供奉的针神为混元刘祖师，而东大阳针翁庙供奉的针翁爷是何方神灵，众说纷纭。但神像上方的金匾书有“业齐仲山”。这是说神灵的功劳可和仲山甫相比看齐。对此，有解释者谓取“衮职有阙，仲山補之”之意。是用大臣对国家、皇帝的失误，能提出补救措施的含意来比喻针能缝衣的功用。原句在《诗经》的《大雅·烝民》中：“人亦有言：德輶如毛，民鲜克举之，我仪图之，维仲山甫举之，爱莫助之。衮职有阙，维仲山甫补之。”全诗较长，是赞美仲山甫之美德功绩的。中国历史上，辅佐朝廷，匡救时务，补政之阙为人们所熟知的贤相能臣很多，为什么单举大家所不熟悉的仲山甫呢？这就是大阳人的情有独钟，情结之所在，隐隐然蕴含的意味深长。阳阿（大阳）是阳人迁徙的聚居地，西周时阳人的原住地又是仲山甫的封地。仲山甫是西周时的中兴大臣。《国语》中所说的：“且夫阳，岂有裔民哉？夫亦皆天子之父兄甥舅也”，这都说明阳人之族群是殷、周之裔民的总称。仲山甫不但是阳人的祖先，还是阳人引以为骄傲并景仰之人物。所以“业齐仲山”也是一种祖先崇拜的文化形态。不仅如此，与东大阳针翁庙相对塔河南岸有一古井，泉水清冽甘甜，古井上方的石壁上刻有仲山爷的像，名为中（仲）山井（也称魏家庄井）。水井作为人们生活不可或缺之物，用仲山命井名，有饮水思源之意。这种井文化也是一种祖先崇拜。西大阳的甫太尉庙（祠），就为直接祭祀仲山甫的宗庙，立庙者深意，因传承之缺失，后来人已不知“俨然立庙于村之市”之意，还把“甫”误为“圃”，令人凄然。岁月销铄，时光逝去，一些历史已褪去了原来的真象，以至于湮没无闻。

东大阳的针翁庙位于塔河北岸，四眼古井之上（现镇政府所在地为其旧址）。庙内有正殿、偏殿、舞楼、廊房等三十余间；西大阳的针翁庙位于土地庙之西，圣仙庵之东，“高冈爽洁，庙宇轩朗，东院绥僧，西亭凝客”，今此庙不存。

东针翁庙

〔清〕王佺

通济桥东，溪水之北，有泉四其眼，有楼翼然泉上，楼半双环，门启石梯，重梯幽洞，曲槛高台，巍阁标“紫浪朝宗”者，庙之坐落也。入内正殿三楹，塑针翁像，金牌大书“业齐仲山”。取诗人“衮职有阙，仲山补之”之意。耳房配房，重院僧居，清幽曲邃，从容坐看桥通新路，塔露旧尖，禅院南庵，无不合形铺势，効伎于堂庑之下。外之连山，高原林麓，隐厕显间，远混天碧，迩遥绿野，咸会于此。不必摩诘性高，始爱此清凉佳地也。

方丈禅僧入定，虚亭游士怡情。

槛外山辉泽媚，座中茶热香清。

僧境自无尘扰，客心幸有余暇。

晓云塔顶揽翠，落日桥半挹霞。

西针翁庙

〔清〕王佺

阳阿西镇针翁亦有庙焉。公非二也，由镇人业针者众，故西镇亦庙祀乎神。西之视东非效尤而同，乃心齐而合也。俗称公为混元刘祖师，不知何所本而云然。但以《洪范》八政，货与食列，而公开天地未有之奇，则佐黄帝衣服之制者，必其人也。设非公也，将西陵徒北蚕桑之祖，天孙难成无缝之衣。虞廷之山龙藻火，古帝何以章身，幽人之狐狸元黄，公子何以被体。其钻研穷造化之精，补缀极人官之异，万世食德，乡人享利允矣，其堪庙祀之也。是庙也，居土地庙西，圣仙庵东，高冈爽洁，庙宇轩朗，东院绥僧，西亭凝客。且也，疏柳修竹，奇石名葩，点缀其中，是以幽人韵士往来，于此流连，徘徊而不忍去。

陟此高丘，其乐休休。

历此西亭，拱翠环青。

西亭四顾，宜朝宜暮。

高丘之广，气清神往。

五　天柱塔与娲皇庙

天柱塔与娲皇庙是一组补水口风水景观的古建筑。前河出村地势低凹的水口，以佛塔与神庙高倍之、固镇之。其意为借女娲立天柱、补苍天的威力扼水口、全其气，使村镇兴财富、昌文运，人杰地灵。同时，还为了装点河山、弥补自然环境，山川形势之不足，使景观空间构图趋于平衡、和谐、完整，满足人们平和安全心理的需要。

天柱塔位于水口处前河南岸的天柱院内，院为两进院落，现已拆除，只有高大的塔依然矗立。塔始建于明万历五年（1577），历二十六个年头，于万历三十年（1602）竣工完成。天柱塔为密檐式砖塔，共九层，

天柱塔

通高约 36 米，平面呈正八边形，每层塔檐递次内收。塔外观立面艺术风格独特，第二、四、六、八层，均为砖砌叠涩式出檐；而第一、三、五、七、九层，则有变化，檐下施砖刻斗栱、枋柱，转角的砖雕阑额、雀替、垂花柱，富有装饰性。檐角处悬有铜铃，天半来风，丁冬作响，余音不绝，疑似仙音。每层的八个立面都设置窗口，而朝正东西南北的窗洞可直通塔内，为之真窗，既可通风又能采光；而东南、东北、西南、西北的窗洞为假窗，只起外观装饰作用但可稳固塔体。惟第二层全为假窗，与其它层不同。天柱塔有三大特点，一是多数密檐式砖塔为实心结构，而天柱塔为实腹空筒体结构；二是密檐式砖塔多为无梯级可登，而天柱塔内有螺旋式石梯可登塔顶；三是天柱塔在顶部有一圈平台，可出外远眺观景。这些都是如此体形高大密檐式砖塔少有的，是一个珍贵的实例。明代万历五年状元沈懋学在天柱塔落成后题诗为："铎振天风响，灯浮星斗辉"，写出了其雄伟壮美。

娲皇庙，是祭祀人文始祖女娲的庙宇，当地称之为花花庙，位于水口处的前河南岸冈阜之上，从河岸登九十级石阶可达山门。庙为二进院落，庙门威严，不矜而庄，门楣上"娲皇庙"三字赫然醒目，门外廊檐东矗立着裴骞撰写的《娲皇庙碑记》，庙内屋舍俨然、神像肃然、壁画灿然，现庙已不存。农历正月初七，称人日、人庆、七元等，传说是人的生日，又称人胜节。每年此日娲皇庙举行庙会，求子拜神，进香祈福，人流络绎不绝。梆子、傩戏、带着面具走台的民间杂耍，在庙内表演。庙塔周围的集市上，捏面人、吹糖人的小摊，被团团围拢。卖泥狗娃、皮老虎、竹制呜里、琉璃圪蹦儿、陶瓷制的各种动物形象可吹出声的玩具、剪纸、用高粱杆扎成骨架糊以彩色纸带的多角形架子，应有尽有。此时，小商贩的叫卖声，此起彼伏，好不热闹。这些物品大都是小孩子玩的东西，和"女娲黄土作人"、"作笙簧"的传说有关，并以此祈求儿童茁壮生长。

宝　塔

〔清〕王佺

阿育之藏舍利塔为释氏所尚，及名题雁塔，而塔亦为士人所乐道。阳阿之塔皆不为是。闻修塔之举始于裴宗伯。裴宗伯得名风脉云，贵人峰至此须以塔镇其水口，得孟宦地欲修未果，公之子承其意而为，又得张毅公初登贤书，力劝乡人输其财力，始万历丁丑，成于壬寅。塔成其年，蒙沈懋学贺之以诗，其绝句有："铎振天风响，灯浮星斗辉"盖美之也。米山刘詹事亦有题咏，则塔之隆重为何如也。由今观之，基端盘石，顶入青云，竖两山之隙，一水之冲，级以九层，梯以百止，砖砌花腰，锅盔铁顶。望去一桅秀拔，登来通体虚灵，佛座洁清坐领天花云影，铃声摇曳声争暮鼓晨钟。

由来天柱命名豪，气象峥嵘透碧霄。
莫道跻登九级曲，须知立品十分高。
危槛星布满天阔，金铎风闻万里遥。
巧把文章规避尔，甲科还自闻吾曹。

天柱院塔

娲皇庙

〔清〕王佺

昔人建娲皇庙于镇之东南隅，与天柱为邻，补水口也。重梯累级高十丈奇。庙门长廊，对阳阿烟村古刹，甲第朱门。西视香山、笔岫，如着色古，兼顾针翁庙伴曲水通桥，云林隐寺，人皆廉图中也。庙以内古松如坡可登，止堪点翠，不肯冲霄，殆与西镇法华禅林平顶松无二也。庙神若痘神、若灶神、若高禖、若虫王，俱在配殿，而主殿则娲皇焉。夫删书断陶唐谓羲农轩辕远莫可稽，娲皇去古未远，为考古者所不愿言，矧有娲皇原不是男儿之说，镇之人作庙以补水口也宜矣。作庙而必娲皇是祀也，其义何居？或者谓神之显灵，始于珏山，而吾乡与珏近故祀之；或谓水口宜补，此神炼石补天，天尚可补而水口之缺，又何不赖神以补。则神之善补也久矣！独是乡之人，其缺而不全者尚多伏冀神力。贫者补之使富，贱者补之使贵，拙者补之使巧，夭者补之使寿，独者补其子孙繁昌，则乡人荷神之灵，岂曰小补之哉。惟佺贫、贱、拙、独，无端不缺，神乎，其有以补之也夫，其有补之也夫！

闻神曾炼石，能补天之缺。
天色皇皇然，奇勋千古烈。
镇人慕威灵，立庙东南凹。
破处有关阑，两村气不泄。
西来山色爽，东去水声咽。
毓秀与钟英，生人多俊杰。
富豪凝聚丛，仕官如林列。
甲第美连云，眉寿介髦耋。
我亦此方人，不全难细说。
德凉兼命否，贫贱且奇拙。
赵壹已无钱，张仪空探舌。
青莲诗兴饶，工部愁肠结。
受遍孟文寒，磨穿桑砚铁。

负性自踈狂，居心原姣洁。
阮途受蹭蹬，蜀道经磨灭。
世态三秋凉，人性百样谲。
向家四壁余，垂老一身孑。
默默仰神麻，为佺一补掇。

六　高阁历历古风姿

古镇大阳的民谣有："七十二条巷，九十三个阁"，阁之多令人称奇。这些雄伟壮观，突出醒目的峨峨高阁，丰富了古镇的空间层次，是古建筑的一枝奇葩，形成了一道靓丽的风景线。"旭日悬顶，紫微绕梁"的门阁，正如著名建筑学家梁思成先生对山西村镇古建筑赞许的那样："由庄外遥望，十数里外犹见，百尺矗立，崔嵬奇伟，足镇山河，为建筑上之荣耀。"

《尔雅》云："阁，楼也。"这说明阁与楼在形制上比较接近，人们常说亭台楼阁，楼阁往往连用。白居易诗云："楼阁宜佳客，江山入好诗"（《江楼早秋》）。说到阁，人们就会想起："落霞与孤鹜齐飞，秋水共长天一色"的滕王阁；"晴川历历汉阳树，芳草萋萋鹦鹉洲"，"江上风烟望武昌，临江高阁晓苍苍"的晴川阁等等。《淮南子》有"高台层榭，接屋连阁"。楼与阁的建筑样式还是有差别的。古有"楼以住人，阁以储物"之说。这是从功能上讲的，其实阁还有供神、观景、报时、藏书、防御等功能。楼必须是重屋，即屋上叠屋；而阁却是平坐上建屋，多指下部架空，底层高悬的建筑。古镇大阳的阁，底层（下部）为门洞，是人员、车马的走路通道，上部建有楼，叫门阁，或门楼更为符合实际。因此，门阁多设置在街、巷两端的出入口，特别是街与巷，巷与巷的衔接处，为街巷的节点，也多有门阁。大阳的阁，为阁功能的拓展，从某种意义上讲，是阁功用的一种创新。

"高阁横秀气"，大阳的阁，一般为两层，也有三层的，如东门阁、延绿阁、庵门阁等。第一层为门洞，多为砖圈顶，坚固结实，经历了数百年车辚辚、马萧萧的震动，仍屹然特立。其高度与第二层相比，也大大超过，这样显得高昂挺拔。第二层为阁楼，其形式多样，有硐楼封闭式、有

延绿阁

魁星阁

槐荫深处阁

鼓楼阁

三宫阁

五龙阁

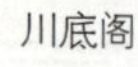

川底阁

建兴巷门阁

醋坊巷门阁

西宫阁

贯利阁

栏杆开敞式、有城堡坚固式等等。“云生梁栋间，风出窗户里”；“併添高阁迥，微注小窗明”。阁的窗户，也是一个大亮点，方形、圆形、扇形、书形等等，式样纷呈；格心棂花图案精巧美观，赫然夺目。色彩斑斓的雕梁画栋，虽已失去了原来的光泽，却仍不掩其曾经有过的光辉。阁顶脊兽昂扬，威风临空，雄镇山河。

还有一点要说的是，大阳的门阁不仅是人走、车行之路，也是流水之道。古人审时度势，对雨季的水流之通道，安排得科学合理，有条不紊。如古人在东门阁外和川地巷建有两个大水池，当地称泊池。每到雨季时，老街大庙（汤帝庙）以东的流水，汇集于东门阁的大泊池，池满出后，水又流入川地巷的长泊池。这样的设计基本上可容纳年降雨量的流水。此举恰如长江中的洞庭湖与鄱阳湖的功能，起到了良好的调节作用，并可有效处理淤泥的沉积，这是古人的智慧。然而，曾几何时？两个泊池均填为平地，因此，每到大雨天，东面的三义巷、川地巷、贯利巷一片汪洋。日积月沉，这些巷的淤土已积厚达二尺有余。再过些时日，川地阁、贯利阁的门洞即可会完全堵塞。生态环境的保护是件大事，必须要认真对待。

大阳的阁，就其功能讲，也并非单一：有登高望远，观光赏景的，如东门阁、水门阁、川地阁、明都阁、贯利阁等；有防御性的，如东大阳的东西南北四门阁等；有供神祭祀的，如庵门阁、吴神阁、娲皇阁、观音阁、龙王阁、白衣阁、金汤寨的白衣阁等；有倡文教、兴学风的，如文昌阁、魁星阁等；有报时的，如鼓楼阁。明清时，鼓楼每天两次鸣钟，寅时称“亮更”，戌时称“定更”。戌时开始在每个更次击鼓，直到次日寅时，老百姓称之为“晨钟暮鼓”。当然，许多阁是兼有多种功能作用，如西大阳的庵门阁，也称五虎阁、文昌阁，高三层，悬山顶，既有兴文教、供神的功能，又有心开目舒的观景作用。如果从道路而言，门阁以“一”字形为多，即阁骑于一条通道上。也有骑于两条通道之上，即成“十”字形门阁，如金汤寨的白衣阁。还有骑于“丁”字形道路上的门阁，如文庙巷北端与醋坊巷的交叉处的门阁。东大阳的东门阁则在“人”字形道上。

大阳的门阁的题名，是十分考究的，极富人文内蕴和文化品味，既是审美的概括，又使人产生厚重的历史感。首先是形式活泼自如，两字的，如建兴、开元、永安、万楼等；三字的，如槐荫坡、延绿阁、仁里巷、太和巷等；四字的，如槐荫深处、古阳阿县等。题名在意蕴上，也表现出一些特色，有的题刻是把脍炙人口的名言佳句分镌两边，如“钟灵毓秀”，金汤寨白衣阁的西门为“钟灵”，东门为“毓秀”。西大阳祖师庙前的阁把“槐荫来爽”，分刻在阁的东、西两边；许多阁直书其名，如双关巷、川地巷、永和巷、迎恩门、贯利巷等；有的阁的题名使用了一些通俗易懂的吉祥语，如四平、仁和、永安等；更多阁的题名，则是从古代典籍中，结合当地环境浓缩提炼出“意与景会”的词语。这样的品题，雅化了建筑空间，丰富了人文精神，给人以更多的思想启迪。首先是东大阳的四个门阁，“宾于四门，四方穆穆”。四门阁的题名稽古于《尚书》：“寅宾出日，平秩东作”，“寅饯纳日，平秩西成”，“平秩南讹，敬致”，“平秩朔易”。因之东门题为“东作”，西门题为“西成”，南门题为“南讹”，北门题为“朔易”。其意为遵循春夏秋冬四时运转规律和日出日落秩序，取得人与自然相和谐，即天人合一也。金汤寨白衣阁北门题额为“觉路”，是一佛教语，意为成佛之路，“同登觉路”，可释同走康庄大道之意。《禅宗永嘉集》序有“慧门广辟，理绝色相之端；觉路遥登，迹晦名言之表”。李白《春日归山寄孟浩然》诗中云：“金绳开觉路，宝筏度迷川”；南门上刻有“来薰”。这显然是从虞舜的《南风歌》中提炼的词语，原歌云：“南风之薰兮，可以解吾民之愠兮。南风之时兮，可以阜吾民之财兮”。吴神阁南面为“天珠”，北面为“来龙”。这是“天珠承龙脉”的浓缩，为中国传统堪舆风水学之语。东大阳龙王阁北门题名为“屏翰”，是《诗经·大雅·板》：“大邦维屏，大宗维翰”的浓缩。曾巩《节相制》有：“立纛设旄，为国之屏翰”，比喻卫国的重臣。这里为屏障之意。西大阳汤帝庙东侧阁门南题有“观厥成”三字。这是《诗经·大雅·文王有声》中的“文王有声，遹骏有声，遹求厥宁，遹观厥成。文王烝哉。”诗句的精缩。诗是赞颂周文王，周武王创业功绩的。在靠近汤王庙与甫太尉祠品题“观厥成”，蕴意也是十分深远的。在大阳门阁的品题中，有三处题“槐荫”：“槐荫”、“槐荫坡”、“槐荫深处”。品题把阁与古槐景观相融合，创造了一种幽静、安谧、爽觉的深妙境界。但“槐荫深处”还涵蕴着一种特定的寓意，古时称三槐为王姓的代称，而此巷中有西大阳望族王氏的深宅大院，一语双关的意蕴，也是一种妙趣。

古代遗址

名称	地址	年代	遗存
阳阿古城遗址	东大阳后河北岸	西汉	绳纹瓦及其他建筑构件
冶铁遗址	西大阳前河西南	宋代以前	坩锅陶片

大阳古代公共建筑一览表

古庙

<table>
<tr><th>名称</th><th>别名</th><th>地址</th><th>建筑年代</th><th>规模</th><th>类别</th><th>备注</th></tr>
<tr><td rowspan="2">汤王庙</td><td rowspan="2">大庙
社庙
汤帝庙</td><td>东大阳
老街中段</td><td>宋</td><td>两院</td><td>祖宗庙</td><td></td></tr>
<tr><td>西大阳
老街西段</td><td>宋</td><td>两院</td><td>祖宗庙</td><td>国保</td></tr>
<tr><td>娲皇庙</td><td>花花庙</td><td>东大阳天柱塔
南高岸上</td><td>明</td><td>两院</td><td>祖宗庙</td><td></td></tr>
<tr><td>天柱院</td><td></td><td>东大阳
天柱塔处</td><td>明</td><td>两院</td><td></td><td></td></tr>
<tr><td>资圣寺</td><td>后大寺
北大寺</td><td>东大阳
老街西段</td><td>北齐</td><td>多进院</td><td>佛</td><td>初名为
永建寺</td></tr>
<tr><td>南河庵</td><td>南河观音阁</td><td>东大阳中段
塔河南</td><td>北魏</td><td>两院</td><td>佛</td><td>南河书院</td></tr>
<tr><td>南禅院</td><td>南大寺</td><td>东大阳
南大桥南</td><td>明</td><td>三院</td><td>佛</td><td></td></tr>
<tr><td rowspan="3">观音堂</td><td rowspan="3"></td><td>东大阳河下塔河
北岸</td><td>元</td><td></td><td>佛</td><td></td></tr>
<tr><td>东大阳开元巷</td><td>清</td><td></td><td>佛</td><td></td></tr>
<tr><td>西大阳
堂坡巷南端</td><td></td><td></td><td>佛</td><td></td></tr>
<tr><td>普门寺</td><td></td><td>东大阳
醋坊巷中段</td><td>清</td><td>楼</td><td>佛</td><td></td></tr>
</table>

古佛堂		东大阳 太和巷门东	明	一院	佛	
		西大阳 张家巷北端	明	一院	佛	
香山寺	香山书院	香山南侧	唐		佛道儒合	
无梁殿		大阳镇 赵庄村东		两院	佛道混合	
海泉寺		东大阳 海泉山上	唐			先为佛寺， 后为龙王宫
普济寺		东大阳 川地阁外		二院	佛	
吴神庙	法华 禅林	西大阳 吴神巷北端		三院	佛道混合	
圣仙庵	静修书院	西大阳 老街东段		六院	佛道儒混 合	
东文庙		东大阳	元	三院	儒	
西文庙		西大阳 东门里北面	明		儒	
黉宇	乡校	东大阳 沙石巷黉门口	宋	三院	儒	
贡院		东大阳 小庙巷北侧		四院	儒	
南书院	乡校	西大阳 主街西段		三院	儒	
关帝庙		东大阳 老街中段		一院	名人庙	
关帝庙		金汤寨东口	明	一院	名人庙	
关帝庙		东大阳北寨	明	一院	名人庙	
关帝庙		东大阳南寨	明	四院	名人庙	
三义庙		东大阳三义巷	清	一院	名人庙	
双关庙		东大阳后岭		一院	名人庙	
阮公寺		西大阳			名人庙	
真君帝庙		东大阳 小庙巷西侧	清	一院	神灵庙	

玄帝庙		东大阳 小庙巷北侧	明	三院		嘉靖四十三年重修
太和宫		东大阳 太和巷内	清	两院		原玄帝庙中的宫殿
祖师庙		西大阳 西门阁里		一院		
东岳庙		东大阳土地岭				
泰山庙		东大阳 南大桥南坡上		两院		
火星庙	火神庙	西大阳 老街东段北		十八院		
东针翁庙		东大阳 四眼井北崖上	明	两院		
西针翁庙		西大阳东街	明	三院		
金龙 四大王庙	大王庙	东大阳 南大桥坡上南	明	两院		
土地庙		东大阳土地岭	明			
山峻庙		东大阳南园凹	清	一院		
南山神庙	南山庙	东大阳南山上		一院		
北山神庙	北山庙	东大阳北山上		一院		
东山神庙	关家敞棚	庄圪洞高岩上				
天齐庙		东大阳 土地岭上	明	二院		
龙王庙		小庙巷与龙王巷 相交处		一院		
茶棚	驿亭 路亭	东大阳北岭上		一院		
	同上	东大阳南		一院		

古祠

名称	别名	地址	建筑年代	规模	类别	备注
旌忠祠		东大阳 大庙对面	明			旌孟阳 嘉靖年间

乡贤祠		东大阳 大庙东侧				
裴氏家祠		东大阳 裴家巷东	明			正德、嘉靖初
马氏家祠		东大阳 川地巷东口	清			
张氏家祠		东大阳财神巷与古楼巷 横街中	明			
颜氏家祠		东大阳裴家巷里南口东侧				
文昌祠		东大阳				
甫太尉祠		西大阳 庙后巷口西侧				

古牌坊

名称	地址	建筑年代	材质	备注
吏部侍郎孟春牌坊	东大阳小庙巷	明	石	
天官孟阳牌坊	东大阳小庙巷	明	石	
孟阳忠义牌坊	东大阳小庙巷	明	石	
山东副使裴骞牌坊	东大阳 小庙巷入口左	明	木	
礼部尚书裴宇牌坊	东大阳裴家巷南口	明	木	
工部尚书裴宇牌坊	东大阳裴家巷北口	明	木	
裴骞进士牌坊	东大阳乡贤祠前	明	木	
宠浩进士牌坊	东大阳 沙石巷黉门口	明	石	
陕西督粮道孟霦牌坊	东大阳孟家巷	明	木	
陕西按察司佥事孟雷坊	东大阳孟家巷	明	木	
张养蒙忠贞坊	东大阳枣市巷	明	石	
张养蒙户部侍郎坊	东大阳棉花市	明	石	
太仆寺丞王选坊	东大阳御暴门里	明	石	
武状元张大经坊	东大阳状元府巷	清	石	
张大经侍卫坊	东大阳状元府巷	清	石	

古桥

名称	地址	结构形式	初建年代	备注
通济桥	东大阳南讹门外塔河上	单孔石桥	早于元代	明时改为石桥
东桥	东大阳贯利巷东后河上	单孔、基为石，上为砖		

古塔

名称	地址	建筑年代	结构形式	备注
天柱塔	东大阳东天柱院内	明	九级砖塔	
石塔	东大阳资圣寺内	北齐	二级石塔	
石造像塔	东大阳南河庵内	北齐	三级九块石塔	石法华造像碑千佛碑
僧墓塔（四座）	东大阳海泉山		砖塔	小型亭阁式
	东大阳西大墓前		五级砖塔	六角

古树

名称	地址	
古槐树	东大阳三义巷三义庙内	
	东大阳北韶门口	
	东大阳西门口	
	东大阳南坡头龙王庙旁	
	东大阳都家圪垱	
	东大阳川底巷阁外照壁西	
	西大阳祖师庙路北	
	东大阳小庙白衣阁	
古松树	香山顶	
	西大阳吴神庙内	
古桧柏树	西大阳汤王庙内	

古戏台

名称	地址	建筑年代	
	东大阳娲皇庙门	明	朝南
	东大阳龙王阁外		朝北

	东大阳南河庵北石头坡下		朝北
	东大阳南讹门外东侧		朝南南禅院
	东大阳大王庙门上		朝南金龙大王殿
	东大阳大庙门上		朝北汤帝殿
	东大阳关帝庙门上		朝北神殿
	东大阳文庙西		朝南
	东大阳后岭槐荫阁南		朝西面对双关庙
	西大阳汤王庙门外南		朝北
	东大阳泰山庙		朝南
	东大阳观音堂		朝东
	寨圪洞东门外北		朝西
	东大阳明都阁外		朝东南
	东大阳针翁庙南		朝北针翁殿
	东大阳太和宫东（半个）		朝南古佛堂
	东大阳土地岭两台		对台
	西大阳庵门里路南		朝北

古井泉

名称	别名	地址	备注
四眼井	一石五眼井	东大阳针翁庙下塔河北	圆孔
仲山井	魏家庄井	四眼井南塔河对岸	
海泉山三泉		东大阳海泉山上	
蝴蝶泉		香山香山寺前	
辘轳井		东大阳魁星阁外	
南门口井		砂口巷南口外	
古井		通济桥东河南	
古井		东大阳河下西南河北槽房院	
古井		东大阳水门口外河南庄口	
古井		原大阳铁厂北庵门坡下园地	
古井		西大阳庙坡下	
古井		东大阳清宁寨上	
古井		西大阳官坊庄东	
古井		金汤寨上	

古井		西大阳西宫阁与官坊庄中间	
古井		西宫阁东南三井	
小井坡方井		东大阳魁星阁外西南坡中	

古照壁（公共建筑）

名称	地址	建筑年代	材质	备注
	东大阳川地巷阁外		砖	
	东大阳贯利巷阁外		砖	
	东大阳汤帝庙门对面		砖	
	东大阳关帝庙门对面		砖	

古石刻

名称	地址	年代	备注
石法华像记	东大阳南河庵内	北齐	
中书门下牒资圣寺	东大阳资圣寺	北宋	
重修汤王殿宇记	东大阳汤王庙	北宋	刘泳撰
汤王殿芝草诗序石刻	东大阳汤王庙	北宋	
大阳资圣寺记	东大阳资圣寺	元	李俊民撰
修建玄帝庙记	西宋家山玄帝庙	明万历二十四年	
霸州知州王侯去思碑记	河北省霸州	明	李时光撰
建金龙四大王行宫西行廊记	东大阳大王庙	明万历四年	李华书
重修汤帝庙东廊房记	西大阳汤王庙	明万历七年	李景行书
增修吴王庙记	西大阳吴王庙	明万历十年	张养蒙撰
重修资圣寺记	东大阳资圣寺	明万历十七年	张养蒙撰
题资圣寺遵修水陆斋记	东大阳资圣寺	明万历十八年	李先蓁撰
重修舞楼记	西大阳汤帝庙前	明万历十九年	庞有恒撰
西阳阿创建玉皇庙记	西大阳 西门玉皇庙	明万历二十年	王鹏升撰
重修成汤圣帝庙	西大阳汤王庙	明万历二十七年	段广业撰书
东庑楼白衣观音像记	东大阳资圣寺	明万历三十七年	阎一元撰
重修观音堂记	南社村观音堂	明万历四十一年	阎一元撰
重修玄帝庙碑记		明崇祯十六年	
玄帝珏山进香会重施什物记	西大阳	清顺治九年	王国士撰
针翁庙创建记	西大阳针翁庙	清顺治十年	王国士撰
白衣阁香火田记	金汤寨	清康熙四十年	王俨撰

重修虫王殿并大殿山墙记		清康熙十九年	王良美撰
买米应粜碑	西大阳	清康熙六十年	金伟撰成玉书
重墁南河庵观音阁卧碑记	东大阳南河庵	清康熙二十五年	田说撰
重修元天上帝庙记	宋家山	清康熙二十八年	
观音阁香灯会记	东大阳南河庵	清康熙三十七年	刘肇甲撰
碑子岭增铺茶棚记	东大阳北岭	清康熙二十七年	都广邑撰
吴王庙绘画佛殿佛龛记	西大阳	清康熙三十四年	成裕溢撰
禁穿凿碑文		清乾隆元年	
补修茶棚岭神庙兼禁劚矿碑记		清乾隆四十一年	
重修资圣寺并增建东西耳房厨室记	东大阳资圣寺	清乾隆四十四年	张雄观撰
施槐记		清乾隆五十年	王廷玉撰
备籴应粜记		清乾隆五十年	段思撰
社庙平粜救荒记事文		清乾隆五十七年	
永禁桑柿柴碑记		清嘉庆十四年	李联撰
重修南经阁碑记	金汤寨	清道光元年	都培墉撰
禁行炉碑文		清道光五年	
新建逢己亥年督催钱粮石		清道光十一年	
创修关圣帝君阁记	西大阳	清道光十一年	司百川撰
永禁掘挖矸矿起土碑记		清道光十一年	
补修大王正殿并东西两耳楼碑记		清道光十八年	张鸿文撰
为重整家庙垂裕后裔吾张氏建立		清道光三十年	
南园凹建神庙记		清咸丰十一年	
买戏房碑记		清光绪七年	
关帝庙重新彩画碑记		清	许达三撰
重修关帝庙碑文		清同治八年	陈锡周撰
补修茶棚岭神庙碑记		清同治十二年	许达三撰
补葺汤帝庙西厢碑记		清	裴振新
泽州长官段公墓碑铭		元	刘因撰
明故处士裴君夫妇合葬墓志铭		明	王玹撰、孟春篆、庞浩 书
明故郡庠生员秋山兄墓志铭		明	裴宇撰 裴宷书并篆

明故裴秋山先生配孺人合葬墓志铭		明	裴宇撰、裴宷书、裴本立篆
明故裴孺人宋氏墓志铭		明	裴述祖撰
明故处士古泉张公暨配孺人王氏合葬墓志铭		明万历四十一年	张光房撰 孟师文书
明故太中大夫山东右参政赠光禄寺卿张公墓志铭		明	张慎言撰 张光谱篆 吕荣钟书
清故玉寰李公暨配孺人庞氏、魏氏合葬墓志铭		清康熙十一年	
皇清太学生例赠文林郎维新关公暨继配王太孺人合葬墓志铭		清乾隆五十三年	裴谦撰、郭在逵篆、何思钧书

古阁

名称	阁楼顶式	始建年代	门楣题名	层数	地址	备注
东门阁	悬山顶		东为“东作”	三	东大阳	
西门阁	硬山顶	成化年间	西为“西成”	二	东大阳	
南门阁	悬山顶		南为“南讹”	二	东大阳	
北门阁	硬山顶	嘉靖二十年	北为“朔易”	二	东大阳	
五虎阁		元末		三	西大阳	
文昌阁		明		二	东大阳	
西大阳西门阁		明		二	西大阳	
娲皇阁				二	西大阳	
西宫阁				二	西大阳	
延绿阁		清雍正八年	东为“延绿阁” 西为“川地巷”	三	东大阳川地巷东口	
观音阁		清康熙二十七年	南为“太和巷”	二	东大阳太和巷南口	
白衣阁			东为“毓秀”西为“钟灵” 北为“觉路” 南为“来薰”	二	金汤寨	

白衣阁				二	东大阳小庙巷东口	
魁星阁				二	东大阳可观巷南口	
龙王阁			北为“屏翰”南为“四平”	二	东大阳龙王巷南口	
水门阁	硬山顶	元至正二十二年	西南为“古阳阿县”	二	东大阳	
槐阴阁			东为“双关巷”西为“槐荫坡”		东大阳后岭东口	
鼓楼阁		清道光	南为“万楼”		东大阳御暴巷北口	
贯利阁			东为贯利巷,		东大阳贯利巷东口	
吴神阁			南为“天珠”北为“来龙”		西大阳吴神巷北口	
明都阁	硬山顶		南为“明都”		东大阳明都巷东口	
彰峰阁					西大阳	
盐店巷阁			北为南街		东大阳	
祖师庙阁			东为“槐荫”西为“来爽”		西大阳段长官院东	
汤帝庙东阁			南为“观厥成”北为“永安”		西大阳	
汤帝庙南阁			南为“槐荫深处”北为“迎恩门”		西大阳	

贡院　书院

名称	地址	备注
南书院	西大阳	
南河书院	东大阳南河庵	明朝
静修书院	西大阳圣仙庵	明清
乡校	东大阳黉门口	宋
贡院	东大阳小庙巷	
香山书院	香山寺	

古墓

名称	备注
平乐知府关遐年墓	《府志》、《县志》
浙江布政使常恒昌墓	《府志》、《县志》
侍郎赠尚书孟春墓	《府志》、《县志》
行人孟阳墓	《府志》、《县志》
尚书裴宇墓	《府志》、《县志》
侍郎张养蒙墓	《府志》、《县志》
参政赠光禄卿张光奎墓	《府志》、《县志》
乐亭知县张德祁墓	《府志》、《县志》
工部郎中部超墓	《府志》、《县志》
邱县知县阎大绶墓	《府志》、《县志》
兴汉总兵官张大经墓	《府志》、《县志》

古石塘

名称	地址	形状	长度	
大泊池	东大阳东门口外	园	直径 20 米 深 4 米有余	底条石砌就，上有 1.5 米高围墙
长泊池	东大阳三义巷与川地巷交接处	长方	长 20 米 宽 15 米 深 3 米有余	底条石砌成，上有 1.5 米高围墙

第九章

乡土风情气息浓

人性质而好学，其气豪劲。

——《元志》

其民勤直忠俭。

——《御史熊迴志序》

《汉书·地理志》中说："凡民函五常之性，而其刚柔缓急，音声不同，系水土之风气，故谓之风；好恶取舍，动静亡（无）常，随君上之情致，故谓之俗。"这是说，由于自然条件、社会环境、气候寒暖、人文教化等的不同，形成了不同的风俗习惯。"十里不同风，百里不同俗"是对民俗地域性特征的概括。而古镇大阳的风俗文化地域，则是以镇为中心，十华里为半径的同心圆。从地形上看，其地理环境为一不规则的四边形盆地区，四周有海拔八百公尺左右的山岭环绕。其地域是大阳镇，还有今高平市马村镇南部的村庄，即原东周乡的区域，周纂（三）、崛山（三）、牛庄（二）和东宅、金章背等村。这些村庄建村的年代都迟于阳阿城，其村名称隐隐然与阳阿侯国中心城（阳阿古城）相关联。这一民俗文化圈（区），更有着浓厚的历史文化基因和因缘。西汉时，这一地域为阳阿侯国地，后为公主的封地。侯国的居民每人每年只向皇帝交纳六十三钱献费，这远比"不胜负担"的周围郡县居民的生活好过多了。经济上的优越，加上政治

大阳民俗收藏

大阳民俗收藏

上的某种特权，侯国内居民的内聚力增强。还有延绵五百余年的侯国历史，使侯国内人们在交往、交流、通婚、生产、生活中，有了共同的语言，共同的社会规范。形成了以生产生活方式和民风与风俗为主要内容的文化内涵。长时间的耳濡目染、潜移默化，所形成物质的、行为的，观念的风俗文化得以固化。隋唐以来，原侯国的地域被行政区划分割为晋城、高平两县。其风俗文化不可避免地受到冲击发生歧异。但由于大阳镇仍在经济、文化诸方面处于先进的中心地位，对周围地区的辐射和凝聚作用无大的减弱，其风俗文化也没有发生根本性的蜕变。在上世纪，周纂、东宅等村出外经商的小炉匠和商人，如果在外地遇见，问他们是什么地方的人，他们会回答是大阳人。这也是一种认同感。

有关衣食住行、岁时节令、婚丧嫁娶、信仰禁忌等等习俗，大阳与其他地区大同小异之处，本书不一一赘述。现只就这一地域的一些独特风俗作一叙述。

一 方 言

大阳的方言与普通话大不一样，有许多字仍发古音的入声，就与周围地域也存在着明显的差别。这主要表现在一些语音和词汇方面。

语音方面：亲属称谓的读音不同。如爷爷叫业业，妈叫巴，姐姐叫夹夹，哥哥叫各各，等等；日常用语如上街的街字读江，出门的门字读芒，开窗的窗字读爽，和面盆的盆字读旁，红豆的豆字读冻，耙地的耙字读旁，老鼠的鼠字读出，放牛的牛字读油，等等。

词汇方面：如麻雀叫凶（读四声），黄莺叫黄蜡虫儿，蝈蝈叫叫音，蟋蟀叫地根儿，猫头鹰叫秃乔或国国苗，铁矿叫滚，高粱叫荞荞，太阳叫老爷儿，欺骗叫日哄，能干叫日能，等等。

樊秋宝先生在《经典阳阿》一书中，把大阳方言总结了六个特点，是精当的，可很好地帮助我们认识大阳方言的规律。现抄录如下：一是音韵与现代汉语音韵的差别较大，日常用语中常带入声韵；二是部分名词的收尾鼻音重，且偏于古入声韵，有的还改变韵母，成了另一个字音；三是与现代汉语比较，另一个差别是把有些相近的声母和韵母混淆，同读一个韵。

如 z、c、s 与 zn、cn、sn 不分；五是日常用语中，碰到数量词，常常习惯与代词合读，且带入声韵；六是“家”和“了”的异读，在本地语言中出现频率较大。

著名的美国语言学家布龙菲尔德在《语言论》中说：“共同的政府和宗教，特别是同一政治单位区域内部通婚的习惯，导致语言的相对统一。大致估计，在较古老的环境条件下，政治疆界的改变在五十年以内会引起语言的某种分歧，而政治疆界取消之后，那些同悠久的政治相平行的同语线，会继续维持两百年光景而绝少变动”。诚然如此，如果将大阳方言划出一条同语线，那我们就会发现，大阳方言地图，恰好是古阳阿侯国的地图。这就清楚地告诉人们，大阳方言源于古阳阿侯国时期的西汉。同时，大阳方言也是阳阿侯国文化的一个重要内容。方言地理学证实了大阳就是阳阿侯国的这一历史现象。

二　馔　面

馔面是大阳周围一带举办婚丧大事招待客人的一种面食。其制作方法颇有学问，用上等面粉（头遍、二遍面粉）掺入少许豆面和小粉面拌匀，再将盐、碱、菜叶花草汁（天然植物色素）和水放入搅拌、揉和，再用擀面杖反复挤压，待表面光滑，再把植物油涂抹在表面，将面饧一炷香的时辰。面饧好后，在案板上擀成薄如纸，重叠起来用特制的刀切成韭菜叶条状，盘起来，放入宫盒内，用布盖严。木制的宫盒长 4 尺余，宽 2 尺余。原先宫盒是髹漆的木制品，耐酸抗腐，轻便华丽，后来简化为木制品。然后把宫盒放在室内发酵，如果是冬天室内温度要高些，一天过后，散发出香味，就是发好了，摊开晾后，即可煮食。馔面的煮法和臊子的配料，也有诸多讲究。其中干金针菜（黄花菜）与油炸豆腐，是臊子的必要品，这是富有蕴意的。现在有些馔面的制作失了真传，配料不得要领，工序也没有按照严格要求，吃起来味同嚼蜡。

馔面，原是西汉皇宫里的一种长寿面。相传有一次，汉武帝和大臣们谈论长寿问题。他说，人的寿命和人的人中长短相关联。谁的人中长，谁的寿命就长。于是东方朔便说，彭祖活了八百岁，他的人中一定很长，那

大阳馔面

他的面孔不知该有多长了。因面孔的面，与面条的面是谐音，于是面条便成为寿面了。再还由于面条形状绵长，取其绵绵不断，长长之意，绵与面条的面也为谐音。面条形状长，就是长寿馔面的一个特点。汉武帝是个热衷追求长生不死的皇帝。他找来许多方士为其炼丹，方士李少君告诉汉武帝说“丹砂可成黄金，黄金成可益寿”。方士栾大也说，“黄金可成，神仙可致，长生不老之药可得”。因炼成的丹是黄金的颜色，汉武帝认为同黄金颜色一样的黄金色是可长寿的颜色。因此，作为长寿面的馔面也应该是金黄色了。所以，色泽金黄就是馔面的又一个特点。

汉元帝、汉成帝时，阳阿为阳阿公主的封邑。阳阿公主把宫廷中的馔面传入阳阿城。开始时庆寿、生日，或小孩满月吃馔面。后来扩延到婚丧嫁娶的大事也用馔面招待贵客。这就是大阳一带吃馔面的来历。

馔面是面条的一种。古代的面条叫汤饼、水引、不托、饽托等。《唐书》记载有：“陛下独不念阿忠脱紫半臂易斗面为生日汤饼邪？”这里的“汤饼”就是面条。宋代欧阳修《归田录》载，唐人把面条称“不托”。钱大昌《演繁露》曾解释为“古之汤饼皆手抟而擘置汤中，后世改用刀儿，乃名不托，言不以掌托也”。可见原先的汤饼，在未用刀加工成面条前，实有如今天的面片。陆游《老学庵笔记》中有“东坡食汤饼”的故事。宋人马永卿《懒真子》也说：“汤饼即今长寿面。”《金瓶梅》的第十五回有送长寿面的描写。

在历史演变的进程中，宋和明、清三个时期，是大阳馔面发展的重要阶段。大阳馔面，是古阳阿文化的一个符号。大阳馔面，历史绵长悠久，乡土气息浓厚。那色泽金黄，形状绵长的吉祥长寿寓意；那爽滑筋道，清润利口，香而诱人，回味无穷的独特风味，都使之传承两千余年而经久不衰，至今受人喜爱。大阳馔面，也早已深深扎根于大阳乡土民俗文化里，融入了大阳人的饮食生活中，所蕴含着的是一股浓浓的乡情。

三 灯 棚

灯棚又称之为彩棚。每年农历正月十五，大阳镇要搭建灯棚闹红火来庆祝元宵佳节。搭建灯棚的艺人叫棚匠，他们专门从事搭建彩装，彩台、彩楼、彩棚，样样都会。灯棚是先由棚匠师傅按照街上各大商铺提出的要求，搭建好棚架子，再把各种仿古建筑的轻便木制构件，如垂花柱、雀替、梁枋、斗栱等，安装到位，这些可起到烘托与装饰作用。然后，将特制的各色土布经纬交织，严实合缝铺就。铺棚布既要整体统一呼应，又要注意显现出各大商铺的个性特色，使得灯棚既统一而又有层次，富有变化。灯棚两端要搭建彩门，或牌楼式，或阁楼式，这也是灯棚的一大看点。彩门大都是富有财力的铁行炉号出资的，或独资、或几家合资。他们通过彩门的华丽来炫耀其雄厚的财力，有现代广告的宣传作用，也是件风光的事。彩门还是棚匠师工艺水平的展示，行家里手都要在搭建彩门上下功夫。彩门虽是临时搭建，却重檐挑角，屋脊螭首，栩栩如生；玻璃阑额，雕梁画柱，形态逼真。巧夺天工的高超技艺，令人叫绝。棚下挂有各式各样的灯笼，宫灯、纱灯、用竹签、木条、高粱杆等制作的灯，如繁星满天。灯笼上的图案，历史故事，神话传说，戏剧人物，山水花鸟，各种灯谜，精彩纷呈。名号大店的商铺前，花门旺火，热闹非凡。这真是五里长街不夜天，张灯结彩闹红火。后来，灯棚搭建大为简单，装饰也多有减弱，慢慢地逐渐消失。

大阳镇的彩棚，与潞安府的彩台（装檐台），高平的彩楼，并称为上党三大名彩装。俗语有潞安府的彩台大，高平县的彩楼高，大阳镇的彩棚长。

潞安府的彩台

我们没有找到描写彩台与彩棚的诗，有一首李俊民写彩楼的诗录后。《彩楼》诗前的小序为：“高平县彩楼闻之旧矣，今使亲见。议者犹谓‘高下侈丽，不及向者三分之一。’因感而赋之”。

层层华构高且崇，万彩纠结填青红。
何人手下夺天巧，都入意匠经营中。
书契以来未省见，异事惊倒百岁翁。
郢斤般斧莫敢近，却立屏息惭无功。
寒窗戛戛鸣机妇，积年杼柚一日空。
山川谓可锦绣裹，尘土尽皆罗绮封。
前者攀辕后者挽，奔车径欲趋灵宫。
三年送迎礼虽旧，人事不与天时同。
方当炎属行夏令，权势大抵归祝融。
神之与人无厚薄，盖以至诚能感通。
豚蹄豆酒道傍祝，所获神赐亦已丰。

闾阎疾苦还知否？我为大夫歌大东。

元宵节，大阳人还有到南大桥（通济桥）丢病的风俗。人们把铜钱掷到桥下，以之祛病驱邪，丢掉晦气；还有到西大阳荡秋千，也是当地元宵节的一项娱乐活动。摆秋（或称拜秋）、车轮秋、纺花车秋、旋瓜秋、猴上杆秋等，可尽情玩乐。

四　老鼠娶亲

“十月十，吃扁食（饺子）”这是大阳镇家家户户的一个习俗。这里还有一项民俗活动就很特别了，那就是在农历十月初十给老鼠娶媳妇儿的民俗了。这天晚上，人们将糕面（软黍米面，或软谷米面）上笼蒸熟后，做成圆柱体状的灯盏，放少许食用油，按上捻子，点着，把它放在屋里的旮旯处，让老鼠拖走吃掉，当地叫给老鼠娶媳妇儿。

这种民俗，是和大阳镇当地生产、生活活动，有着密切关系的。大阳自古是煤铁之乡。境内窑井多，煤窑、矿窑、矸窑、黑土窑等。窑井多，从事窑井下工作的人员就多。当地民间认为老鼠通灵，能够预知祸福。在窑井下，听觉嗅觉都十分灵敏的老鼠，对冒顶、透水、塌方、瓦斯异常等险象发生的先兆，往往能先有觉察，会仓皇逃窜，躲避灾难。矿工们一旦发现老鼠有异常现象出现，就会马上撤离险境，规避灾难。如果老鼠活动正常，还可以证明窑井下氧气充足，矿工可放心作业。老鼠成了窑井下工作的预警器，与窑下矿工的生死攸关。因此，老鼠受到窑井

老鼠娶亲

下挖矿人的尊敬，称之为窑神。这在生产技术低下的过去，老鼠就成了矿工的保护神。久而久之，鼠崇拜就成了一种地方习俗，给老鼠娶媳妇儿就是这种习俗的反映。

五 乐 户

乐户是靠吹拉弹唱的音乐艺术才能，为乡间办理婚丧嫁娶红白大事，而生活糊口的一些人。这些人音乐素养高，技艺超群，粗细音乐都会，是一人能操几种器乐的多面手、全把式，可以演奏数百个甚至上千个曲牌。但其在归社会地位极其低下，人们称之为龟圪垯、吹鼓手等，都是一些带有歧视性的称呼。他们是中国古代历史上一个特殊的社会群体。

乐户是很有来头的。据史载，乐户始于南北朝的北魏，皇帝把犯法的大臣及其家属逐出京城，流放异乡民间编为乐户，“贬为贱民，不能与民同齿”，为“倡优贱隶”。他们比一般平民还要低贱，这是乐户的由来。蛛网尘封，时光流逝，北魏已经远去了。而上党地区潞泽的乐户是另有来历的。根据史料记载，潞、泽一带的乐户有两支：靖康元年（1127），金

大阳民俗活动

兵攻陷北宋京都汴梁（今开封），俘获了北宋皇帝的乐工、乐伎，并要把他们送往金朝的西京（今大同）为其服务。这次押送，取道为卫州（今新乡市的卫辉）、怀州（今焦作市的沁阳），上太行山，经泽州（今晋城市）、平阳（今临汾市）、太原到西京大同。但在上太行山时，因押送的金兵人数少，乐工乐伎发生了逃跑现象。当时，男的逃跑者为“十之七八”，女的逃跑者为“十之二三”。这些逃跑者就隐居于泽潞一带的民间。等风声过后，他们相互又联络起来。在明代，陵川县的乐户在礼义镇的东陈丈沟村，建起了一座庙，名为“咽喉祠”，当地人也叫打鼓庙。乐户们每年五月初五、八月十五、腊月初八要汇集于此，或切磋技艺，或温习旧曲牌，或创作新曲调。祠门上有副对联为：“昊天上帝钦命都使者，宋帝真宗敕封咽喉祠”。门额题为“神恩密侑”。这隐约地透露出乐户们与宋皇室关系的秘密。大阳镇的乐户当属这一支。

还有记载，明代建文四年（1402），燕王朱棣夺取了建文帝的皇位，建都于北京，于是就把南京皇家乐队迁散，一部分乐工发配到潞泽一带充当乐户，这是另一支。

上党地区的乐户数量颇多，他们对上党地区的戏剧、八音会的发展，起了较大的推动作用，其功不可没。

六　打铁花

打铁花是大阳一带的一项民俗活动。其过程为将白生铁在炉内熔化，以稀而不散，稠而不沾为好。一人用经过水浸泡的木杓从炉中取出熔好的铁团，放到另一人持的木板上，木板也预先经水浸泡。持板人先将铁团轻簸动一下，随即迅速用猛劲往夜空中打去，顿时铁水迸散于天空，满天银花五彩缤纷，光焰斑斓，煞是好看。

打铁花，古时是超度亡灵，祭鬼趋祟的一种仪式。民间把含冤自尽，不幸早夭的人叫“屈死鬼”，为其鸣冤叫屈要打铁花。所以大部分是以村社或族户举办的，通常在清明、中元等祭鬼节日。后来，人们把打铁花用于欢庆胜利、欢度佳节的欢乐时节。这种习俗流传已久，和大阳具有悠久的冶铁史有关，也是大阳铁文化的一项内容。

现将清代周京、朱樟、张晋写的《铁花行》诗录后，供大家欣赏打铁花的魅力。

铁花行

〔清〕周京

试灯时候繁火新，簇着冠儿斗花朵。
星流电掣须臾间，闪耿晶球满街堕。
未闻鼓铸融洪炉，烧铅炼汞精金铺。
青黄反覆视人面，火候一足争喧呼。
健者袒跣博丹砂，横飞十丈开明霞。
凌云高树触星点，纷纷散落檐葡花。
千花万花半空起，天女乘鸾启玉齿。
尽扫瑶台绛阙台，打块成团作欢喜。
我闻下策用火攻，看尔勇猛肩胛红。
幻弄奇技供一笑，卷地疾走惊儿童。

铁花行

〔清〕朱樟

羊头钢飞春黍粒，破釜夜鸣坤母泣。
矿穴分苗照上元，冶师炼魄当垆立。
悬牌报熟十二时，石炭气锐烝红迟。
羯鼓停催花未发，土锉排寒虫不知。
一火人面青，二火人面白。
面面相看醉缬生，泼地熟红收不得。
银瓮翻浆玉杓分，树头结绽芙蓉色。
转眼狂花添客彗，丝饼穿天补阙事。
解衣忙跃泼寒胡，簇蝶惊传撒珠戏。
箭壶一掷电睒张，颠倒落花如雨坠。
暗尘马过锁频开，烂额客呼星退避。
谯楼鼓吏报二更，海绡四照天为青。

阿奴投烛出下策，试问汝曹见未曾。
吾乡苦于祝融厄，悲焰乍起摇心旌。
赤蛇吐舌不停掉，壬夫丁女何无情。
麦田吐秀杏园圻，所见阴火同青荧。
世间快事那逾此，丑树得暖留冬荣。
湘君帘外春云动，唾落香绒黏紫凤。
他年重现散华身，宝焰龙宫记初梦。

铁花行

〔清〕张晋

洪炉入夜熔并铁，飞焰照山光明灭。
忽然澒洞不可收，万壑千岩洒红雪。
栖鸦控地林蟒逋，电火的烁开金铺。
山魈木客伏不动，天女下视群龙趋。
此时观者色如赭，流波迸出珊瑚颗。
枯枝瘦草相新鲜，异芯奇葩遍原野。
大冶运腕何珑玲，莲花落去犹有声。
力疲气竭暂收手，始见明月空中行。
世间怪事真有此，百炼柔钢齐绕指。
请看入眼幻缤纷，笑他剪綵堆红紫。

七　兰花炭

兰花炭因燃烧时冒出宝石蓝的火苗而得名。这种炭又叫兰花香炭，香煤净炭，以大阳一带所产为最。

大阳的煤炭资源丰富，开采历史悠久。这一带的煤炭，变质程度高。其炭，外形美观，质地坚硬，表面如镜，光可照人，手触不黑。有干净，火旺，耐燃，热量高，无烟无味，灰分少的优点。兰花炭不但深受国内用户欢迎，还远销海外，是英国、荷兰、瑞士等国皇室壁炉的上品燃料。兰花炭还有特别用途，茶叶、药材用之烘制可提高质量。如西湖龙井茶，用兰花炭烘制，茶叶味道醇正。

兰花炭是无烟煤，古代称石炭、白煤、铁炭等。徐陵在他的《春情》诗中有“奇香分细雾，石炭捣清纨”的描述。据史载，在南北朝时，就出现了用无烟煤制成的香煤饼。宋人欧阳修在《归田录》中记有：“香饼，石炭也。用以焚香，一饼之火，可终日不绝。”明代状元杨慎的《升庵外集》也有香煤饼的记述：“发香煤也，盖捣石炭为末，而以轻纨筛之，欲其细也。”这些记载，都说的是无烟煤研成粉末制成的煤饼，而兰花炭却是直接使用的燃料，就便利多了。

八　歌谣谚语

古人云：“谣谚皆天籁自鸣，直抒己志，如风行水上，自然成文，言有尽而意无穷。”一句谚语，一首民谣，是人们的心声，包含着深刻的人生哲理，反映着社会生活的真实，洋溢着风土人情的浓郁气息。从某种意义上讲，谣谚是民间风尚的一面镜子。

儿　歌

一

水鸪鸪，打开路。谁来呢？俺姑姑。
吃的啥？瓜不糊。穿的啥？红绸裤。
带的啥？花肚肚。拿的啥？水萝卜。
……

二

鸡蛋花，满坡开。咱娘想起姐姐来。
打发哥哥去接她，红眼老婆不让来。
……
红眼老婆死后，一口红棺材。
两蚂蚁，来抬轿。两蟋蟀，来吹号。
滴滴打打出殡了。
……

三

二十三，祭罢灶。小孩拍手哈哈笑。

再过六、七天，新年就来到。

几百通鞭，带雷炮，起火窜了几丈高。

……

小瓦盔

小瓦盔儿，黑黝黝，我去姥姥家住一秋。

姥姥看着喜溜溜，妗母看着瞅一瞅。

妗母妗母不要瞅，石榴开花我就走。

哪呢河，没水流？

哪呢山上没石头？

哪呢外甥没舅舅？

担杖钩

担杖钩，明瓦瓦，从小吃了娘的妈（奶）。

我是娘的心上肉，我是大（父）的眼前花。

我是哥哥的赔钱柜，我是嫂嫂的撅嘴巴。

圪倔圪倔又来了，

圪倔圪倔又走了。

瓜子瓣

瓜子瓣，般般大，我和姐姐一起嫁。

姐姐嫁到城里了，我就嫁到城外了。

姐姐骑的高头马，我就骑的树圪杈。

姐姐戴的银簪簪，我就戴的棒篾篾。

姐姐盖的花盖地（被子），我就盖的烂簸箕。

姐姐枕的花窦枕，我就枕的毛圪叽。

（以上三首裴允中搜集）

卖针歌

一

滴溜当啷两面牌，好似鲤鱼戏莲台。

鱼戏莲台台还在，莲戏鲤鱼不再来。

东至岱岳西至川，北至鞑靼南至蛮。
北方鞑靼说番语，南方蛮儿打乡谈。
北方冷，南方热，不冷不热到中原。
人人都说中原好，人手无钱到处难。
你也难，我也难，你难我难不一般。
你难怕我钢针不好使，我难好货卖不了你的钱。
壮士勒马去城东，十树桃花九树空。
人和花比不一样，花和人比不相同。
闲言闲语咱莫讲，话说贤君访英雄。
唐王访来薛仁贵，文王访到姜太公。
刘备三请诸葛亮，十分好货与明公。
壮士勒马去城西，张良扯住韩信衣。
关公义重华容道，楚霸王垓下别虞姬。
遇见好针你不买，买上赖针难缝衣。
十月里，天已寒，曹操领兵下江南。
周瑜定下苦肉计，孔明祭风烧战船。
针里无钢难取火，有钢取火不费难。

二

左手捏，右手撇，好似怀中抱明月。
打一个满天星，再打个扬州万盏灯。
打一个曹操夺中原，打个刘备取西川。
火焰山上走出个牛魔王，郑伦口内冒火光。
当家人不在年老少，治家也不在人大小。
当家只买当家货，无事人才买吃食多。
加针我不加别的针，加上一个针椎针。
当中粗，两头细，纳起鞋底省力气。
包得紧，裹得牢，装在身上掉不了。
这一包钢针买到家，姑娘们说你会当家。
大姑娘慌忙拿烟袋，二姑娘慌忙去倒茶。
全家老少笑哈哈，这一包钢针买对了。

到明年你再把会赶，还把俺赵永昌字号找。

泽州城里老针店，大街朝东有门面。

油漆柜台金字匾，招牌挂在门外边。

要问谁家钢针好，赵永昌针店错不了。

哪个钢针不好使，退回一个换一包。

老针店，卖真货，来回盘缠我包了。

（以上卖针歌为裴伯英　吴永生搜集）

打窑歌

窑井上唱：日落西山天不早，小桃红回她娘家了。

小明灯出现在山前，岭后的破瓦窑。

窑井下唱：兄台有意把信捎，捎书带信俺知晓。

窑井上唱：金鸡叫来天明了。小二姐梳头洗脸把眉扫。

窑井下唱：兄台不必把心操，抖起精神咱把窑熬。

（裴伯英搜集）

这是一首窑工与把头周旋的歌谣。采取上、下对唱的形式，互相传递信息。用比兴手法，表达事物，抒发情感，形象生动，巧妙机智。

赶车歌

一

夏不走翼城关，冬不下太行山。

……

二

根儿、根儿、根儿，快亮了。

备好车，装好套。

赶明到窑上，不拉矿就拉炭。

不是黑计炉，就是协泰山。

忽通一声倒了炭，黑眯糊眼只说干。

……

第十章

雪泥鸿爪踪迹遗

河东人物气劲豪，泽州学者如牛毛。
大家子弟弄文墨，其次也复跨弓刀。
去年较射九百人，五十八人同赐袍。
今年两科取进士，落钓连引十三鳌。
迩来习俗益趋善，家家门户争相高。
驱儿市上买书读，宁使田间禾不薅。
我因行县饱闻见，访问终日忘勤劳。
太平父老知此否？语汝圣世今难遭。
欲令王民尽知教，先自乡里烝群髦。
古云将相本无种，从今着意鞭儿曹。

——〔宋〕黄廉《古诗》

一　大阳人的著作名录

“学而优则仕”，大阳仕官，多饱学之士，从政之余，聊有著述。现在将其篇目列如下：

裴骞有《滁阳集》、《蓟门集》

裴宇有《内山稿》

孟春有《迟斋奏议》

孟霦有《诗纪集》

孟雷有《修趾集》

孟阶有《历山漫稿》

孟颜有《孟亭恒隐集》

赵继孟有《憩鹤道人漫稿》

常恒昌有《静轩遗稿》

王佺有《阳阿志》

二　大阳人撰写的碑文选

泽州本地碑文，也多有出自大阳籍仕官、僧侣之手，现搜集到的有：

宋崇宁五年（1106），大阳资圣寺僧永庆撰《重建治平院记》。

宋宣和元年（1119），刘泳撰写《重修汤王殿记》。

宋甫弘治三年（1490），撰有《重修谯楼记》。

裴爵正德三年（1508）撰有《大阳镇重修宣圣庙记》

孟春嘉靖十二年（1533）撰有《王郡守去思碑》，嘉靖十四年（1535）撰有《端氏镇德胜寺碑》。

庞浩嘉靖二十七年（1548）撰有《重修庙学记》、嘉靖二十四年（1545）撰《高邮张知州道德政感应记》，还撰有《小析山成汤庙记》。

裴骞嘉靖十三年（1534）撰有《元妙观重修钟楼记》，还撰有《洞阳山乾明寺碑》、《大阳镇娲皇庙碑记》

孟雷隆庆四年（1570）撰有《泽州始修北城楼碑记》。

孟霦嘉靖三十八年（1559）撰有《泽州儒学设立学田记碑》，还撰有《重修天井关孔子庙碑》、《泽守露潭邱公碑》。

孟阶嘉靖四十二年（1563）撰有《王侯好学德政记》。

裴宇嘉靖三十五年（1556）撰有《圣天寺佛像记》，此碑在沁水县。

孟颜万历元年（1573）撰有《阳阿镇建三峻庙碑》，还撰有《青莲寺下院古净影寺碑》。

张养蒙万历二十年（1592）撰有《泽州重修庙学记》、万历二十八年

（1600），撰《碧落寺石桥记》、《明邑令王省身去思碑》此碑在高平。万历十七年（1589）撰的《重修资圣寺记》。

裴述祖万历二十六年（1598）撰有《题阳阿东镇西会进香记》。

都广祚康熙十九年（1680）撰有《泽州大阳小析山取水记》。

刘振甲康熙年间撰有《重修吴神山泰伯庙碑》。

关遐年乾隆五十六年（1791）撰有《重修珏山东顶募化序》。

正德乙亥重游青莲寺记

〔明〕孟春

青莲兰若，吾州第一山门也。久慕荪境而未遂一游。正德乙亥岁，予因边事奉朝命得归省桑梓。是岁重阳日，亲友陈挥帅廷咨约予偕国宾徐君彦、耆英张君舜民、乡进士李君汝章，冒雨来游。少顷雨霁，登高四顾，山水灿然，恍若天台境界也。陟降山原，不觉日至西矣。遂止僧舍，且饮且吟，各留诗刻石。翌午兴尽而归，马上犹闻钟磬之声，回首梵宫，隐隐云霄之上。

乙亥季秋九日。

赐进士第、中宪大夫、都察院右都御史、晋城孟春时元书

怀远将军丹川樵隐陈谟摹勒

乾明寺碑文

〔明〕裴骞

泽城西北里为洞阳山，又曰朓岳山，俗呼为嶽神山。上有先仙祠、岳神庙，庙为洞阳观。由洞阳而东为可寒山，山之麓为乾明寺。相传居民某种异谷，豕食之，逐之入洞，洞有仙人等奕者，以布赏之曰："可鬻大梁，其售不啻百金也。"后，梁王知为火浣布也，大军物色之，遍洞阳求弗得，只闻异乐飘然四空间，兵驻可寒。今山上有营帐遗址，多甲叶、箭头者，居民僧众尝得之，其事荒唐莫考也。寺属唐泽晋城县建兴乡砂城里。刘绍等以为避兵之所，二十年昼夜不离溪谷，后获平谧，愿答佛力，天祐十四年开荒修筑，号乾明寺。山自朓岳而下，蜿蜒迤丽，盘据太行之巅。北负龙泉，南通圣乐，控桃固之岧峣，

引榼山之耸翠。可寒一脉，峙为五峰，蟠龙踞虎。维东有松，维西有栝，中有崇冈，结聚团美，山势围合，顾视五龙争珠状。佛殿西隅有池，与阶圮平，手可掬取。予忆为儿时，从外祖审理李翁游，翁常谓曰："乾明，可寒山名也，惜无记之者。"骞因谨识焉。

泽州学田记

〔明〕孟霦

国朝於海内郡县建学立师，储才待用。承平日久，正人文方盛之时。隆庆初年，南都体庵顾公登进士第，出守泽州。公于学校有提调之责焉。惟是青衿髦士，充满泮林，虽养以廪馔，而所给有限。其间无资产而守简编，处困穷而事弦诵者多有之。公尝周以社仓之粟，犹恐不可常继，乃别为经久之计。采访民间，有愿售田者，不强以威，不亏其直，出货以易之。白马寺东易秦好登山场一所，中有柿果百株，城东无北寺山场一所，中有桑柘八十余株，李桃杏果五十余株；城南十里铺外，徐天福地八亩；城北水河头枣园杨谥地八亩四分，傍有庐舍二楹，皆置为儒学之田。以其事请于上官，上官嘉而允之。田岁有租，树岁有课，悉令掌教者司其出纳。诸士有衣食不足者，有婚嫁不能成礼者，有丧葬不能举者，各量其所费而周之，可谓厚于养士矣！夫公所以为此者何也？非莘野之禾，不能蓄保衡之德；非南阳之稼，不能养卧龙之才。盖欲诸生凭借物产，专精经术，联翩科第，以为一郡之光。为诸生者，其励尔志，奋尔力，以副公之美意，岂徒感恩而已哉！自建学迄今逾二百年，仅见此举。前守抱豪杰之才，敷循良之政者，屡有其人，而未暇及乎此也。公才识英明，果于集事，城堑之御侮者既已修筑，民兵之防患者既已训练，仓廪之赈饥者既已充积，审役均而民力已苏，折狱平而民诵已简，乃以有余之力，成此作人之盛事，盖出乎寻常之外矣。从此继守不失，不惟惠施于今，亦将利及于后，公之荣名宁有穷已哉！泽之师生谋勒石以记公德，后之览者，其勿废之云。

泽州重修庙学记

〔明〕张养蒙

吾泽据太行之胜，南俯太行，盖三晋一严郡云。士之起胶庠，仪上国者，斌斌乎后先相望也。州学之建旧矣，重修于正德十六年。岁久不饬，浸以敝。郡守大夫韩公甫受事，谒庙，退即学宫，延见师生。顾而叹曰："庙攲如此，其何以妥圣灵、光俎豆？不治，且将圮。此吾守土者任耳。"乃进文学博士王化、李遇春、王崇简、谢试暨弟子员孟养重、赵友益辈，谋新之。值初政，倥偬未遑，忽下霪为虐，庙竟就圮。大夫闵然曰："吾固虞其有此。"亟请于两院藩臬重修之，俱报可。于是鸠材庀工，诹日兴事。费取诸羡锾而官不匮，民专于顾役而私不告劳，仅两匝月，庙成。栋宇金碧，巍如焕如，视旧制尤爽垲闳丽云。庙左右两庑，则攲者正之，阙者补之，漫漶者丹垩之。后则明伦堂、斋房悉从缮葺，前则戟门高揭，泮池广浚，朱垣之外树以松、梧、桃、李，煌煌哉学宫改观矣。是役也，肇自万历甲申九月，寒冬辍工者三月余，至次年乙酉暮春告竣。大夫属予纪其事。予惟齐鲁娴于文学，乃其天性。大夫起于东齐，世以三礼承甲第，文章酝藉，凡百可师。莅泽阅岁，无日不讨多士而训迪之，固已身为型范，口振铎音矣。区区土木之事，岂急欲勒石示人哉？盖自国家以学校储材，以经术论士，士非此塗无繇进。今褒衣裴履环桥门而诵习者，即所称经术士也。业已秀出编民，步武孔辙，乃或剽掠口耳，竟斧藻而趋捷径，古三物之训谓何？一旦策民遘会，拘拘泥泥，罕所建竖；甚者举平生所诵习，而弁髦之饰艺，营私哗众，跻膴亡论，圣门羞称，里闬且讪诮焉。傥士习而若此也，敝将何极？宁独学宫敝也乎哉！学宫敝而修之，大夫事也，大夫行之矣。修士习以称塞大夫雅意，吾庠士其何辞之与？有故游精道德之途，栖息仁义之域，勤思乎光明宏济之业，异日践文石，履赤墀，清庙明堂，为梁为栋，使人按籍而指之曰："此泽产也。此贤大夫兴学所造士也。岂直地以人重，实惟贤大夫之光"。大夫逡巡谢曰："泽固唐虞首善地耳，俗淳厚，其君子深思重名节，一敝于五代。宋程伯淳尹兹土，正学倡教，士矍然顾化，迄今尸祝之。

夫古今人岂相远哉！不佞待罪守臣，日惟化民成俗，兢兢念无俾于多士。多士本深思务正学，犁然当于世用。此自帝风所贻，真儒教泽所渐，不佞与有荣幸，诚厚愿焉，胡敢居功？”嗟！嗟！真长者之言哉！吾庠士勉矣！畴昔所自许，宁有待而后兴？矧贤大夫色笑以教，所以相待又不薄，有不睹庙思行矜奋好修者，非吾徒也。大夫名容，字可受，别号岱野，山东青城人。守泽多善政，不具论。同知宋宗周，判官萧守卿，吏目刘宗仁，督功均劳，例得附书。

重修谯楼记

宋　甫

夫谯楼者，所以宣天道示人时。泽之谯楼在治前，距创已远，重修於国初知州事湖襄李公祥。岁月侵久，群材腐漫。先是成化初，汲郡陈公奎虑其倾压，撤而欲新之，未几，公陞去任，材积一空。厥后，继理者，皆弗遑及。至庚子岁，扶风张公文质，乃始踵旧址小北而台之，余材未僝绪会。今侯陆公伟入代，欲谋成终，寻值岁歉，还止。而台左右渐剥落，观者日望成焉。宏治改元，岁稔民安。公知人心所在，于是计度鸠工，庀徒执役，始于儒学明伦堂，次明道夫子祠，最后乃及此楼。台基仍故完葺，从今构楼于其上，高四寻有奇，广五间，巍然焕然，法度俱举，制作视昔殆相倍蓰。经始于是年冬十月，竣事于明年春三月。夫天道之运度，民故之动息所关，作者知其然，故因物制器，而又崇之以楼，使曰壶曰鼓曰筹各得其所。而昼有示，夜有警，阴极子，阳极午，向曙入暮，凡晨舍所主，罔不了然分明。非唯民之勤倦作息，内外百为准于此，大至官府之政，学校之教，军伍之操歇，细及行旅往来，戍逻之巡警兴止，亦皆以节。谯楼所以宣天示人如此，此古人所由作也。公能于兹复之也，而其功化亦岂有穷焉！以故未作也而仰其成；已成也而乐其事。是虽劳且费，不以为厉，况不劳不费乎？于戏，此公之作所以为贤也，讵可没其善而不为之书耶！公名伟，字仲奇，世为杭州钱塘人，成化乙酉乡进士。明宏治三年庚戌秋九月十八日立石。

训导郑可权《建谯楼记》，略曰“泽州界怀潞之间，当南北冲，据太行，挟丹沁，实为奥区。今载罹兵荒，民稍安集。洪武戊申，李公祥来守是邦，于公廨之阳，地形塽垲，俯临城郭，建谯楼，横七十尺，周二十丈，高起四之一，架屋三重，鸾翔虹亘，于以宣钟鼓之声，定旦暮之节，斋七政之运行，警庶民之动息，岂徒侈观美快登临哉！”

题阳阿东镇西会进香记

〔明〕裴述祖

环泽皆山也。其东南八十里许为硖山，两峰鹄立，秀拔天成，昔人建玄帝庙于上。创始（下漫灭）而来爰自嘉靖己未，迄今万历戊戌，乡民李杰、李锦辈朝礼不绝，塑圣像、置仪仗、炉鼓（下漫灭）之国。后栖武当，道成飞升。然亦武灵玄老始□之化，复位坎宫。而《真诰》则云轩辕子（下漫灭）帝。庄周亦云，颛顼得以处玄言是也。方今太和之山，琳宫宝殿，照耀寰逵。故兹蕞（下漫灭）处无人，琳宫宝殿不为侈，土阶茅椽不为陋。惟皈依诚敬，斯昭德盼蠁洋洋尔，因撰（下漫灭）

下交水火之精兮，剑牧万象。

上直虚危之宿兮，旗列七星。

沐咸池而晞发兮，□知青纪。

四万万如旦暮兮，恒视长存。

嗟阳阿之苍生兮，瓣香肃祀。

神彷佛其昭格兮，□心□鸾凤，□鸣伏。

四时调玉烛之和兮，天休滋至。

九扈奏金穰之喜兮，民物敉宁。

中宪大夫陕西平凉府知府郡人裴述祖撰

大明万历二十六年岁次　太族三月吉旦

术士武自立书

重修珏山东顶募化序

〔清〕关遐年

珏山三顶鼎立，而大居正者曰东顶。询厥由来，大抵众善士之力相与以有成也。无如从前修葺历年已多，风雨摧败，而圣像亦减色焉。今岁，予契友亮天师承跌青莲，引以为忧，遂携同诸执事募化而妆修之。孟夏兴工，季秋告竣，因寄书而索序于予。予思天工人代，擅督理之才者，亮天师也；庀材鸠工，任经理之职者，诸执事也；至于不惜所贯，积善以成名者，则众善士也。可弗并勒诸石，以垂不朽乎？

是为序。

泽州大阳小析山取水记

〔清〕都广祚

取水之举，为甘泽计。昔七年之旱，商祖成汤实为民请命焉。大阳旧有汤王庙，镇人祈报之所。析城之桑林，古圣王之遗迹也。由析城而东有小析山，高下有池三，名嘉润池。其析城之支派，抑圣王之德泽所遗耶！汤庙巍然在望，晋豫人多取水于此。历世以来，嗣为故典。其取水之法，以人得乡望者主之。往取，以金鼓旌旗导引，诣庙，伏堂阶祝之，又于池畔祝之，投金纸于池中，有异征焉。池水汲凡四瓶：一曰水宫，一曰顺序，一曰润泽，一曰甘霖。仍金鼓旌旗导旋，敬祭于本镇之庙，捧四瓶供神前，修祀事者三日。仲春开瓶，顺其长养；孟冬封瓶，法其收藏，咸修秩祀。次年之复取也，祝池滨，计水还之池，复取水贮之瓶。迄今循例行之，盖圣王之泽，万世不竭。而山出甘源，是坤灵与泽气孕结而流通也。春之祀也，以迓神庥；秋之祭也，以报神德。声灵濯濯，入庙如在，水滨如在。岂与夫祀典外滥举非常、纷侈华竞者可同日语哉！

康熙十九年暮春日记。

阳阿志

弁　言

乡名阳阿，地属濩泽。星分觜野，山居行巅。今为盛世雄村，昔传汉家古县。户分五里，人聚万家。西北香吾峰，跳跃之高原一带开其龙脉，东南来李镇，潆洄之曲水千层锁其下沙。炉岫屯云而滴翠，笔岭焕彩而露英。周围重冈抱裹，两镇四寨盘旋。长桥竞渡，惊落采之虹，宝塔摩霄，题擎天之柱。嵌空台领略松风萝月，资圣寺搜究古碣残碑。水月莲台，八面玲珑空色相，圣仙法座，一天烟雨润琉璃。天显宝而物呈华，地既灵而人自杰。是以经文纬武萃王谢之衣冠，画栋雕甍标姬姜之妆阁。大丈夫人品与学问显异，奇男子文章共事功流芳。若吟者敲章琢句，力追乎唐，挥毫家铁划银钩，揣摩夫晋。孝感天意，看灵芝白鹤之奇，忠格君心，加封章追谥之异。登庸八坐显亲而扬名，奏牍千篇忠君而爱国。四美传父子之品，二难称兄弟之才。黄堂梦异，刺史风高，官自一品以至九品无官不备，士自一家以及百家有士皆通。文精孔孟作述相承，武妙孙吴后先比美。他如节妇为柏舟之誓，贞女作行露之吟。耕夫带月而锄，学士燃藜以读。金谷园开处处歌残永夜，扬州跨鹤家家黛点春山。以手代眼，才子按碑而识字，由显徵微，夫人摩带而察奸。佺面墙渺见，口艾无文。愧生礼义之乡，羞出簪缨之族。五十年两鬓白发，三十载一领青衿。铁骨支贫，白眼傲世，见闻不出家乡，蹭蹬贻肌闾里；凭七寸毛锥，写一乡事实。风土山川，传其梗概，忠孝廉节，记其规模，岂曰著书，聊以拨闷心云。

龙飞康熙癸巳岁菊月　菜仙氏王佺漫题

三　大阳人诗歌选

游青莲寺

〔明〕孟春

一

重阳佳节喜登高，步履重冈不惮劳。
才问西山度弥勒，又经丹水涉波涛。
频看雁影归南浦，忽听鹤声鸣九皋。
便佩茱萸醉浊酒，须知身世一蓬蒿。

二

青莲胜地数来游，隐隐云烟锁法楼。
台有远公名掷笔，世无李郭香仙舟。
良辰不可今朝负，好景应须竟日留。

更喜小童能劝酒，不妨酩酊卧残秋。

三

硖石青莲寺，丹河绕碧湾。
石潭邀夜月，枫叶舞秋山。
落帽狂失态，拂须宰相艰。
此来幽兴动，未许促装还。

星轺值雪

〔明〕孟阳

山城二月雪花飞，陡觉寒生客子衣。
危石润沾迟马足，傍途烟爨掩柴扉。
声声林雀栖枝转，点点春花入望微。
自笑壮怀浑未已，年年关陕两番归。

蔺相如庙

〔明〕裴骞

遗像千年在，荒山半亩宫。
负荆惩小忿，完璧有全功。
酒对金樽绿，花看霜树红。
我来秋色里，感慨思何穷。

碧落寺

〔明〕裴宇

壑石巉岩绀宇成，两峰开处数僧迎。
千松布壑连云色，一水横桥带雨声。
风透虚窗清簟席，鸟啼深树杂歌笙。
况逢好客饶樽俎，坐向溪头待月明。

青莲寺

〔明〕裴宇

一

千峰列嶂翠烟笼，一径迂回石磴通。
壑转层台削壁立，林开绀殿倚云雄。
东西魏晋昂藏内，表里山河胜概中。
独念宦游清赏晚，从今结社抚松丛。

二

两峰雄峙插青天，万古钟灵事上玄。
禹凿河山崇绝顶，舜封冀岳绕丹泉。
风云重合□间出，日月周回掌畔悬。
祇设洞区修秋祀，敢为皇运祈长年。

憩碧落寺

〔明〕孟颜

洒洒清风禅境净，幽人乘兴复相过。
螺岗斜日晴辉满，蚓涧流光翠色多。
径草含霜犹自绿，山童娱景任长歌。
年华逝水相流转，肯向尘中散委和。

游碧落寺

〔明〕孟颜

苍松深处隐招提，携客扪萝路转迷。
钟梵远疑千壑应，鼓楼平瞰万峰齐。
野藤走壁青连瓦，古木横桥绿覆溪。
一日为僧知便得，何须祝发是皈依。

游青莲山

〔明〕孟颜

禅关远世载，宗伯召予来。
山拥藏经阁，林疏掷笔台。
玄天新瞩扁，白雪□钦□。
秉烛延清话，□□漏刻催。

登珏山

〔明〕孟颜

陟降朝玄武，□搴度碧虚。
两峰雄构出，双额锦题馀。
赖有名贤笔，来光上帝居。
自怜溪卧久，得侍瓣香初。

碧落寺

〔明〕孟霦

青山日暮散虚岚，秉烛开樽更盍簪。
寂寂禅房清夜久，棋声应过画桥南。

游青莲寺

〔明〕孟霦

丹河回鹫岭，□□抱龙宫。
□□□□转，穿萝觅路通。
崖经飞阁回，掷笔古台空。
径柏含晴雾，岩松着□风。
高临悬□峻，圹望硖山雄。
游眺春光里，淹留胜境中。
玉毫思欲见，□□冀能同。
□目归□世，回□梦树丛。

褒禅山

〔明〕孟雷

乾坤好景难如此，
今古浮名总是闲。
我亦中原诗酒客，
白云清夜宿褒山。

秋日饮松林寺

〔明〕孟雷

松岭古多寺，登临不惮劳。
大门盘石上，晋普入云高。
爽籁生僧院，晴岚染客袍。
故人具樽酒，列坐尽英豪。

宿碧落寺

〔明〕张养蒙

去住从来未可凭，暂偷闲卧碧云层。
朝趋梵阁依三宝，夜扣禅关对一灯。
槛外疏风摇古树，桥边细雨长新藤。
端居悟却无生理，浑是山中老衲僧。

碧落寺松

〔明〕张养蒙

谁种万株松，森森寺外峰。
眠云青霭乱，度月翠阴浓。
曲盖凌岩起，盘根带石封。
风回清响合，雨过碧烟重。
千古先朝植，花香静土供。
冰霜原有操，桃李岂为容。

坐息菩提树，三生此地逢。

碧落寺候王节推

〔明〕张养蒙

碧落何年寺？珠林白日阴。
两峰盘阁近，一径入云深。
潭影空禅性，松声递梵音。
嘉宾犹未款，风雨坐中侵。

中秋游青莲寺

〔明〕张养蒙

胜游那不恋同群，共向禅关叩白云。
石磴萦回千嶂合，珠林窈窕一溪分。
鹫岩秀落青莲色，龙藏香含贝叶文。
夜月禅心清似水，何如终日苦尘氛。

游青莲寺和父韵

〔明〕裴本立

祥云飘渺罩山笼，万石盘旋有道通。
掷笔台高临岩迥，玩月楼开俯寺雄。
丹水潺潺玉练外，双峰叠叠画图中。
深岁青景如莲现，予今喜在法花丛。

孟春书碑局部

裴宇书碑局部

茹子嘉书碑

孟颜书碑局部

裴本立书碑局部

登珏山和父韵

〔明〕裴本立

崎岖鸟道陟山巅，披赤专为敬帝玄。
超越双峰临碧汉，森罗岩桧出寒泉。
举头红日三天近，蹑足青云万壑悬。
仰扣神灵祈有应，从今亲寿百余年。

游青莲寺

〔明〕茹嘉

青莲游览雪初晴，入寺羊肠折坂行。

成本书《买米应籴碑》

为爱幽偏天地别，更怜高朗水山明。

望猿坐月僧堂静，看洞穿云世味轻。

半席得分依掷笔，吾当卜筑此逃名。

硖　石

〔明〕孟兆祥

硖石分秦险，邮亭日欲低。

未知山近远，已失路东西。

远水看烟起，深林畏鸟啼。

凤城何处是，弥望草萋萋。

四　大阳人书法选

待（款）月亭是千年名刹青莲寺的观景台，为观看珏山吐月的最佳地。亭的墙壁上镶有九块历史名人游览青莲寺的题诗石碑，而其中有七块为大阳人撰写书丹的，为：

明正德乙亥（1515），孟春撰写书丹的《游青莲寺记》；

明正德丙子（1516）的题诗碑，其中有孟春撰写书丹的七律一首，五律一首；

明嘉靖四十一年（1562），茹嘉撰写书丹的题诗碑，七律一首；

明嘉靖四十三年（1564），裴宇撰写书丹的题诗碑，七律二首；

明嘉靖四十三年（1564），孟颜撰写书丹的题诗碑，五律二首；

明嘉靖四十三年（1564），孟霦撰写书丹的题诗碑，五律一首。

明万历年间，裴本立撰写书丹的题诗碑，七律二首，是和其父裴宇的诗作。

在泽州府署内有嘉靖丁巳年（1557），裴宇丹书的《齐侯政绩碑》；嘉靖己未年（1559），孟霦撰书的《露潭丘公德政碑》。

这些题诗碑的书法，或遒劲有力，或潇洒飘逸，或楷法严整，或书字秀雅，均为上乘之作。

在大阳镇本地，古人留有众多的石刻碑铭，其中多为书法精品。但由于种种社会的，自然的原因，毁有十之八九，残余的也不乏书法佳作，如：宋代刘升书丹的《汤王殿芝草诗序石刻》；明代庞浩书丹的《明故处士裴君夫妇墓志铭》；明代裴寀书丹的《明故裴秋山先生配宋孺人合葬墓铭》；明代李华书丹的《建金龙四大王行宫西行廊记》；明代李先蓁书丹的《重修资圣寺记》；明代孟师文书丹的《明故处士古泉张公暨配孺人王氏合葬墓铭》；明代吕荣钟书丹的《明故大中大夫山东右参政赠光禄寺卿张公墓公铭》；清代王良美书丹的《玄帝珏山进香会重施什物记》；清代成玉书丹的《买米应粜碑》；清代关琠书丹的《重修资圣寺并增建东西两耳房厨室记》等等。

在大阳镇大王庙戏楼上悬挂“壶中天”的匾额，落款人为笨人成玉。论者对“壶中天”三字评价为“笔重墨润，气厚质朴”，特别是“笨人成玉”的署名，还有一个有趣的故事：大阳人成玉，早年经商于苏杭一带。康熙皇帝下江南，在一次微服出访中，正好遇见成玉在写字作画。康熙皇帝见他的字写得好，以为他定是有功名的人，欣赏了好一会儿，就问他是什么出身，有什么功名。成玉回答说只是草民一介。康熙随口说了一句话：“你这人真笨呀！”。走后，成玉才知道说这话的人是康熙皇帝，于是成玉在以后的署名落款时，就用了“笨人成玉”。这个故事一直在大阳民间流传至今。

第十一章

阳阿春秋史籍留

闻韶还似在齐时，三月犹然味不知。

若要得他安乐法，请君听取四休诗。

——〔金〕李俊民《听乐》

大阳，古称阳阿，为国、为郡、为县、为镇，实一方之都邑。在历史的长河中其历史信息丰厚，文化积淀深富。现将古代典籍中有关大阳（阳阿）的文献资料粗缀以下：

一 古代典籍中的大阳（阳阿）

楚国宋玉的《对楚王问》："阳阿薤露，和者数百人。"

《淮南子》，汉刘安编纂。其书《俶真训》中有："足蹀《阳阿》之舞，而手会《绿水》之趋。"

《汉书》中有："阳阿齐侯其石，以中谒者从入汉，以郎中骑从定诸侯，侯，五百户，功比高湖侯。"

《汉书·外戚传》中有："孝成赵皇后，……及壮，属阳阿主家，学歌舞，号曰飞燕。"

《乐府诗集》中有："……绿水、阳阿、采菱、下里、巴人"等。

《水经注》郦道元著。《水经·沁水注》有：“沁水南经阳阿县故城西。……沁水又东南，阳阿水左入焉。水北出阳阿川，南流经建兴郡西。”

《魏土地记》有：“建兴郡治阳阿县，郡西四十里有沁水，南流。”“建兴郡治阳阿县也，永安中郡废，以县属高都郡，北齐省入高都。”

《魏书·地形志》：“阳阿县，有武靳关。”

《北齐·地理志》有：“阳阿县，今山西高平县南。”

《北周·地理志》有：“有旧置阳阿县，今山西高平县南六十里。”

《新序》刘向撰。有：“‘阳阿采薇’和者数百人。”

《梦溪笔谈》，沈括著，有：“世称善歌者，皆曰‘郢人’。郢州至今有白雪楼，此乃因宋玉问曰：‘客有歌于郢中者，其始曰《下里巴人》，次为《阳阿薤露》。’”

《典故纪闻》明余继登撰。书中云：“洪武时，刑部主事茹太素疏论时务累万余言，太祖令人诵之再三……”

《静志居诗话》，朱彝尊著。书中有：“孟兆祥，孟公峻节自树，取忤中珰，卒殉节于正阳门。子章明显之以进士观政吏部，视公殓毕，亦自尽。时论翕然，以为三百年特见之事。初赠河南道御使，谥节愍。顺治九年，定谥忠僖。其诗文惜无存。”

《池北偶谈》，王士禛著。书中有：“试官。今诸司官，初选即实授，唯监察御史、中书舍人，先必授试职。一年满，内阁都察院方题实授，沿明旧例也。按明初范敏试吏部尚书，……詹徽、茹太素试都御史。又有试给事中。此例今人不知。”

《读史方舆纪要》，顾祖禹著。中有：“阳阿城，县（高平）南六十里。汉县，属上党郡，高帝封万訢为侯邑。后汉因之，晋废。《地记》：‘慕容永分上党郡置建兴郡，盖治阳阿县。’后魏亦治阳阿县，初属上党郡，永安中属高都郡，北齐废入高都。”

《明季北略》，清计六奇撰。书中孟兆祥、孟章明节记有：“论曰：燕京之变，死节文臣二十一人，乃先生（孟兆祥）父子居其二，洵足奇矣！顾臣为君死，妇为夫死，一耳。至于节愍未受一命，而矢心不二，慷慨殉节，尤为可敬可怜，论者以二百余年特见之事云。予按山西从贼者众，独父子死节，忠孝一门，真岁寒之松柏欤！”

《清一统志》：“阳阿故城，在凤台西北。”

《山西通志》：“阳阿故城，在凤台县北五十里大阳镇”。“武靳关，在凤台县西北。”

《山西通志》：凤台条下有：“汉高都县兼阳阿侯国地，隶上党郡，晋末，慕容永置建兴郡，治阳阿县。”

二　历史名人咏大阳（阳阿）的人和事

箜篌引

〔三国魏〕曹植

置酒高殿上，亲交从我游。
中厨办丰膳，烹羊宰肥牛。
秦筝何慷慨，齐瑟和且柔。
阳阿奏奇舞，京洛出名讴。
……

轻薄篇

〔西晋〕张华

……
美女兴齐赵，妍唱出西巴。
一顾倾城国，千金不足多。
北里献奇舞，大陵奏名歌。
新声逾激楚，妙伎绝阳阿。
……

清平调

〔唐〕李白

一枝红艳露凝香，云雨巫山枉断肠。
借问汉宫谁得似，可怜飞燕倚新装。

“宁知赵飞燕，夺宠恨无穷”。李白《怨歌行》

“宫中谁第一，飞燕在昭阳”。李白《宫中行乐词》

“天行乘玉辇，飞燕与君同”。李白《长信宫》

“飞燕皇后轻身舞，紫宫夫人绝世歌”。李白《阳春歌》

送郡侯段正卿北行二首

〔金〕李俊民

一

征途万里朔风寒，过尽阴山复有山。
岁既在于辰巳后，星多客向斗牛间。
漫漫积雪无冬夏，劫劫飞鸿自往还。
若到龙庭试回首，太行一片白云闲。

二

猎猎霜风堕指寒，一鞭行色抵天山。
马嘶衰草孤烟外，雁没长空落照间。
入塞尽穿毡帐过，去乡须待锦衣还。
功名大抵黄粱梦，薄有田园便好闲。

段侯行春显圣观喜雨

〔金〕李俊民

癸卯季春小旱。清明后七日，段侯正卿行县回，会名流胜士五十余人于仙翁山下之显圣观。须臾雨作，自未至亥而止，大满人望，酌酒相贺，莫不尽酣适之兴。张仲德有诗，因和韵以纪其胜。元帅申甫、段玉使姚升书于壁。

行春冠盖暂踌躇，谁信东山面目疏。
兴尽奚劳风送客，气和不觉雨随车。
移民虽恨梁加少，腐粟尤夸汉有余。
独叹吾儒有何贵，自今牛角莫横书。

留　别

〔金〕李俊民

耳畔频频杜宇声，马头山色翠相迎。
一杯不尽留连意，送客风来便好行。

大阳值雪

〔金〕李俊民

扫地阴云拨不开，北风吹落豆秸灰。
相逢父老应相笑，直待山头白后来。

和段正卿韵二首

〔金〕李俊民

一

悠然相对酒杯闲，忽有新诗落坐间。
唤起东篱无限兴，黄花须待与君看。

二

百计寻闲不得闲，功名那取片时间？
谁知九日龙山客，却被秋光冷眼看。

酹江月　承济之和复用元韵

〔金〕李俊民

脱巾挂壁，向雀罗，门外几回迎客？纵有一樽陶写后，不遇当年仪狄。未著祖鞭，先投班笔，老恨无才力。天涯地角，断蓬流落踪迹。

归去作个闲人，锦囊诗句，都向闲中得。漫说他乡光景好，多少世情风色。损友违三，益朋近五，易卦占山泽。人间星聚，不知天上何夕。

鹊桥仙　段侯寿日

〔金〕李俊民

题桥志气，沉碑勋业，不在著鞭人后，浮云富贵转头空，似一梦南柯太守。

辋川别墅，平泉小隐，此计地长天久。金章还肯换蓑衣，买彼塘旋栽杨柳。

清平乐　锦堂寿

青云得路，休叹功名误。好在辋川堪画处，闻早抽身归去。任他千丈风波，光阴著酒消磨。识破落花浮世，笑看金狄摩挲。

点绛唇　锦堂寿日

马上功名，射雕谁似将军手！一朝肘后，金印悬如斗。锦绣山川，何似人长久？闲中友，为君添寿，共劝忘怀酒。

留别草堂诸友

〔金〕李俊民

青山莫厌往来频，野鹤孤云自在身。
客路傍春风色好，明朝便是远行人。

寄太素居士

〔明〕王冕

泽州茹太素，官洪武尚书，后戍云南。

我昔扁舟上邪溪，寻君只过丹田西。
长松月冷啼子规，春风满地芳草齐。
楼殿玲珑金碧涌，钟声不出松云重。
老猿掬涧山影乱，翠禽喙露晨花动。
此时相见不作难，握手笑上松花坛。
坛下十万青琅玕，空阴漠漠常风寒。
我对青山论今古，青山茫茫无一语。
知其与我忘尔汝，石瓢酌我云根乳。
冷然使我肝胆清，飘裾欲度浮云轻。
千峰回影陷落日，万壑欲尽松风声。

回首溪山忽成别，几见江梅飞白雪。
洞庭湖上听夜雨，仲宣楼头望明月。
茕茕对景伤古情，寸心欲吐书难凭。
何当相晤一抵掌，与君细看真兰亭。

孟侍郎父子赞

〔明〕任皞臣

忠臣何求，孝子之门。
孝子何德？资父事君。
嗟彼衰粲，今罕厥伦。
惟公父子，奕世扬芬。

哭师（孟兆祥）诗

〔明〕熊文举

一

感德瞻醇穆，雄文见炳燐。
日沉先弃杖，风急但焚轮。
旧里碑传记，虚堂案掩尘。
门生羞后死，洒泪志忠臣。

二

清肃铨规在，程材得士多。
尊严仪岱岳，感怆重山河。
父子忠同传，乾坤气不磨。
西州投策痛，洺汗畏经过。

三

生死从来事，门墙训迪严。
志操期逼古，风尚可顽廉。
诘曲冯心印，迂回此志淹。

怅然羞展卷，孤月堕虚帘。

四

忍见皇舆荡，羞称江海逋。
从君臣已老，殉父子非孤。
青史芳声共，坤维正气扶。
招魂余弟子，风雨泣苍梧。

三　历史名人与阳阿（大阳）

大阳至今已有二千六百余年的历史，这算得上是悠久了。一些历史名人与阳阿（大阳）的邂逅结下了不解之缘，留下了深深印迹，这些历史记录和文化积淀，构成了大阳的历史文脉。现按年代的时序简述如下：

仲山甫，也称樊仲山父、樊穆仲、仲山父、甫太尉、樊八仲等。西周宣王时，仲山甫是中兴大臣，有功于周天子，爵为侯。《诗经·烝民》就是歌颂仲山甫功绩美德的诗篇。其封地为阳樊，是阳人的原住地。阳人虽为“殷民七族”，周时仲山甫食采于樊，又有姬姓加入，仲山甫又称樊侯、樊八仲，阳人就成为殷、周之裔了，仲山甫也成为阳人引以为豪的名人了。在大阳镇的西大阳有甫太尉庙（祠）、太尉巷；东大阳针翁庙的“业齐仲山”金匾，仲山井等，都是纪念仲山甫的古迹，有慎终追远之意。

其石，有的史书称卞訢、万訢。西汉高祖七年（前 200），其石以功封为阳阿侯，食五百户，封地阳阿城，阳阿侯国自此始。其石为阳阿侯的第一人，阳阿侯国前后历五百余年。

阳阿公主，为西汉元帝刘奭之女。在汉元帝和汉成帝时，食邑为阳阿城，即阳阿侯国地。阳阿公主对阳阿歌舞的兴旺发达，起了巨大的推动作用，其功不可没。赵飞燕的成长和成名也是阳阿公主的培养与推恩。

阮籍，三国魏时尉氏人，为竹林七贤之一的名士，喜老庄，善弹琴，嗜酒，是我国历史上著名的文学家、音乐家，也是一位奇异之人。他的咏怀诗，为世所重。“阮公虽沦迹，识密鉴亦洞”。为躲避魏晋之交的激烈斗争，远离政治漩涡，阮籍曾隐居于阳阿。当时的阳阿是著名的歌舞之乡，音乐氛围浓厚。在大阳镇的“香炉山东南，筆山之侧”，“其石岈然，其泉湛然，幽谷凝水”处有阮公寺，是其隐居的遗址。

高公主，是北齐高祖高欢之孙女，上党王高涣之女。天保八年（557）高涣被杀，其妻李氏被赐给家奴冯文洛为妻，高公主家破人亡。阳阿人刘业成曾为上党王府的长史参军，念高涣的知遇之恩，为高公主在阳阿建宅（当地称高公主府，故址在龙王巷的南坡头），留心抚字。河清二年（563），高涣平反昭雪，高公主于南河庵建千佛碑，于永建寺立二级石塔，也有传说永建寺（资圣寺）是她所创，总之，她对佛教文化在阳阿的传播起了开基的作用。

李俊民，字用章，别号鹤鸣老人，金代泽州晋城人。承安五年（1200）以经义举进士第一（文状元），人称李状元。元世祖忽必烈曾说：“朕求贤三十年，惟得窦汉卿及李俊民二人”。李俊民不肯入仕，隐居于河南嵩山。元初，段直为泽州长官，延请李俊民返回桑梓，教授乡里。因此，李俊民回到晋城后，长期住在大阳，由于他学问渊博和状元的声望，不远千里慕名而来投师者，不绝于门。李俊民是写大阳人与事的诗文最多的著名诗人，计有二十余篇，本书各章开头引用的诗，大多是他的佳作。他也是使大阳“郁郁乎文哉”，风俗教化的重要人物。

李希霍芬，德国人，世界著名的地质学家、旅行家。清同治九年（1870），他考察大阳镇的冶炼业与制针业，并在《中国》一书中，对大阳的坩埚炼铁作了详细的描写，对制针业写道：“大阳的针，供应着这个大国的每一个家庭，并且远销中亚一带。”他是第一个用更为广阔的视野，对大阳的针，在中国乃至于世界的地位与作用作了高度评价。

四　大阳（阳阿）大事记述

鲁僖公二十五年（前635），阳人迁徙于今大阳镇北一公里处，即今大阳镇后河北与今高平市大周村周纂河（浩水）南的土塬上，建阳人聚落。

春秋时，阳阿城为由成周（今河南洛阳市）过轵关陉（太行第一陉），上太行，经上党达晋阳、邯郸道路上的驿亭。

战国时（前260），阳阿城为秦军攻占上党长平道上的军事要塞，即“二鄣四尉”之地。

汉高祖七年（前200），于阳阿城置阳阿侯国，封其石（有史籍为卞䜣或万䜣）为阳阿侯。谥齐侯。

汉元帝时（约公元前42年），阳阿城为阳阿公主封邑。

汉成帝过阳阿公主府，见赵飞燕而说之，召入宫。

晋太元中（约386年），西燕慕容永置阳阿县并置建兴郡，治所均为阳阿城。

北魏永兴四年（412），建兴郡献白鹿。

北魏永兴五年（413），濩泽刘逸自号征东将军，三巴王，围攻建兴郡。

北魏太平真君九年（448），省建兴郡。

北魏和平年间（462年），阳阿城南移至今大阳镇址。

北魏和平五年（464），复置建兴郡，罢阳阿县。

北魏孝文帝太和十年（486）四月，建兴郡民家养蚕，丝网成幕中有卷物似绢。

北魏景明元年（500）六月丁亥建兴郡陨霜杀草。

北魏正始元年（504），建兴郡献白鸠。诗云：“翩翩白鸠，载飞载鸣。怀我君德，来集君庭”。

北魏孝明帝正光五年（524），高欢过建兴郡阳阿城，云雾起，雷声作，若有神灵。

北魏永安元年（528），尔朱仲远为建兴郡太守。

北魏永安中（约529），建兴郡废，复置阳阿县归属高都郡。

北魏永安三年（530），高欢遣三千骑镇建兴。

东魏天平三年（536），灾荒年，人饥流散。

北齐天保四年（553），上党王高涣之女高公主建永建寺（北宋时改名资圣寺）。

北齐天保七年（556），阳阿县废。

北齐河清二年（563），高涣平反昭雪，其庶子宝严袭爵位。其女高公主在永建寺建石塔二级；并在南河庵建千佛碑，以之超度亡灵，为皇帝与乡里人祈福。

隋开皇年间（约 586），改阳阿为大阳。

唐兴元元年（784），螟蝗为害，人饥馑。

后唐天成四年（929），建香山寺。

后唐长兴四年（933），永建寺立尊胜幢。

宋时，段惟几，第进士。

宋乾德五年（967），东大阳汤王庙建殿。

宋仁宗天圣二年（1024），敕僧保福重建香山寺，上有虎跑泉。

宋治平四年（1067），程颢为晋城令，设乡校七十余所，大阳乡学亦其中也。东大阳与西大阳各一所。

宋宣和二年（1120），东大阳汤王庙芝草生，在梁间六竞秀，是后岁屡丰稔。《汤王庙芝草诗序石刻》为进士刘昇书。

公元 1243 年，李俊民撰写《大阳资圣寺记》。

元大德八年（1304），东大阳建文庙（即孔庙）。

元至元三年（1337），东大阳建观音堂。

明洪武三年（1370）大阳镇建颜氏家庙。

明洪武十八年（1385），茹太素请命于朝，建西大阳文庙。

明天顺六年（1462），灾，饥。

明成化四年（1468），张泽取乡试第一，中解元。

明成化二十年（1484），大饥，人相食。

明弘治十五年（1502），地震。

明嘉靖初，大阳镇建旌忠祠，祀御史孟春子孟阳。

明嘉靖年间，大阳“顷举”，裴宁（zhù，爵长子，宇之兄）修镇北土地诸神庙，成。

明嘉靖七年（1528），蝗灾。

明嘉靖年间，裴宇之子“经营”，重新大修通济桥。

大阳镇建三嵕庙，孟颜写记。

明嘉靖十五年（1536），东大阳建娲皇庙，由裴骞撰写碑文。

明嘉靖四十二年（1563），天鼓鸣。

明万历四年（1576），东大阳建大王庙。

由裴宇倡议，其子承其遗愿，张养蒙力劝乡人出资建天柱塔，工始于万历五年（1577），竣于万历三十年（1602），历二十六年。

明万历十四年（1586），大旱。

明万历十五年（1587），旱灾。

明万历十六年（1588），大饥疫。

明万历三十七年（1609），王国士乡试第一，中解元。

明万历末，王国士倡建金汤寨。

明天启中，关天钦出资修建清宁寨。

明崇祯五年（1632）七月，王自用、马守应“压大阳”，同年八月，王自用、马守应“掠大阳”。九月陷泽州，在籍参政张光奎阵亡。

明崇祯六年（1633），裴平淮、张廷、李善征等出资修建岳峙寨。同年，大疫。

明崇祯年间，段廷黼出资修建安庆寨。

明崇祯九年（1636），大疫，大饥，人相食。

明崇祯十三年（1640），灾荒。

清康熙十一年（1672），由善人王老人修建北茶棚。

清康熙年间，西文庙择地，于赵继孟故地重修。

清康熙二十五年（1686）夏六月六日戊午泽州大阳镇天鼓鸣有大星陨，明烛数里。占者谓天堡星也，光照处主大丰，是年秋果大稔。

清康熙三十三年（1694），蝗旱灾。

清康熙五十年（1711），郭安远中乡试武举第一，武解元。

清康熙五十二年（1713），王佺撰《阳阿志》。

清乾隆十六年（1751），张大经荣登武进士第一，中武状元。同年，雹灾，秋禾受损。

清同治九年（1870），德国学者李希霍芬考察大阳。

清光绪三年（1877），旱、蝗成灾。

清光绪四年（1878），大灾，人相食。

后 记

责任。《阳阿奏奇舞——古镇大阳史话》，是由王怀中、王枢撰文，裴铭摄影，裴允中绘图而成书的。拳拳赤子心，殷殷桑梓情；“尽郡人之责”。作为大阳人，汇大阳过往历史于一集，并使之“达道义、章法戒、通古今、表功勋，而后旌贤能”，从而发挥以史为鉴，资政育人的作用，并传承大阳历史文明，是著作者情所归，责所至。

体例。本书采用史话形式，来叙述大阳“之地之事之人物”，力求具备史志内容的严谨性，史话形式的通俗性、可读性特点。史话与史、志在体例上又各有差别。

断限。本书上限为周襄王十七年（前635），下限为民国建立（1911），其间为二千五百余年。

原则。本书在寻找史料，阅读史料，分析史料的基础上，坚持以事实为依据，有一分材料说一分话的原则，以“有证则书，有疑则缺，有讹则辨”态度，抱着对历史应有后人的敬意，从历史中求证历史，实事求是地探索历史的真实和其本来面目。

关注。乡愁是一种思念，一种牵挂，一种认同，一种维系，一种企盼……。德国人赫尔德说：“乡愁是所有痛苦中最高尚的一种痛苦。”大阳的古代公共建筑（古建筑）和传统民居建筑，正如《关于加强传统村落保护发展工作的指导意见》所言，“凝聚着中华民族精神，是维系华夏子孙文化认同的纽带”，“保留着民族文化的根基”。但是，这些古建筑因社会人为的破坏，自然岁月的磨蚀，几乎毁之殆尽，大都已成为消失的古文明，以至于历史文脉被割断，历史记忆成空白。这个教训是十分深刻和沉痛的。值得庆幸的是大阳传统民居建筑现存面积有 34 万 m^2，这在山西全省就村落而言为最大者。这些“拥有物质形态和非物质形态文化遗产，具有较高的历史、文化、科学、艺术、社会、经济价值”。为之，我们要特别关注，并大声疾呼，刻不容缓，千方百计地保住这一历史文化之根脉，并要付出极大地努力。

感谢。本书为《地域文丛》的一集，丛书主编王辅刚（长治市委宣传部长）作了序。原长治市委宣传部苗挺副部长和长治市地方志马书岐副主任，也为本书写了序言。马主任对书稿还提出了有见地的意见。成书过程中，裴允中在考察、收集资料、探究问题、校对书稿等方面付出了精力和心血。晋城市泽州县文物旅游局王天明局长，大阳镇刘建云书记、刘庭兵镇长给予了大力支持。董卫锋、王川丽打印了书稿。书中还采用了大阳镇韩安阳副书记提供的照片（拍摄者有王文明、王金光、赵海江、王卫星、马振波、郭平和、李张成等）。还得到了裴玉龙、李锡麟、马文富、武成富等在考察中给予的帮助。在此，向所有为出版本书给予帮助的人，深表感谢。

本书可能还会有一些漏误，敬请读者批评指正。